Lo que opina la gente acerca de
Sopa de Pollo para el Alma de la Madre . . .

"¡Como miembros de 'The Mommies' (*'Las Mamás'*), estamos conscientes de que el mejor regalo que se puede tener es saber que uno no está solo! *Sopa de pollo para el alma de la madre* transmite exactamente ese mensaje al tocar las fibras más íntimas del corazón y hacernos recordar tiernamente el verdadero sentido y devoción que encierra la hermosa tarea de ser madre".

Marilyn Kentz y Caryl Kristensen
"The Mommies"

"Es un libro ameno, cautivante que le hará reír y llorar cuando juntas celebremos nuestra condición de mujer".

Kim Alexis
Modelo y representante

"Gracias, *Sopa de pollo para el alma de la madre*, por las historias que expresan la exquisita belleza del amor entre madre e hijo. Vuestra perspectiva nos hace recordar las cosas que realmente importan en la vida".

Susan N. Hickenlooper
Directora ejecutiva nacional, *American Mothers, Inc.*
patrocinadora oficial del Día de la *Madre y de La Madre del Año*®.

"¡Sentarse a leer *Sopa de pollo para el alma de la madre* es un verdadero deleite! Las historias son profundas, apasionantes y llenas de vida. Cada relato me habla de lo inmenso y poderoso que puede ser el amor entre madre e hijo".

Alison Schwandt
Coordinadora de actividades infantiles, Gymboree

"*Sopa de pollo para el alma de la madre* le hará reír, llorar y emocionarse como ningún otro libro, ya que nos habla de la relación más preciosa . . . la que existe entre una madre y su hijo".

Anne Jordan
Presidenta, Children & Families, Inc.

"No importa lo que haga en mi vida, el logro más importante será haber tenido a mis dos hijas y a mis dos hijos. Cada vez que leo *Sopa de pollo para el alma de la madre*, me dan ganas de reír y llorar y de evocar los dulces y maravillosos recuerdos de su niñez que rebosan mi alma de júbilo".

Patricia Lorenz
Oradora y escritora experta en temas de motivación personal autora de *Stuff that Matters for Single Parents (Las cosas realmente importantes para los padres solteros)* y *Parents, 365 Down-to-Earth Daily Devotions (Padres, trescientas sesenta y cinco oraciones prácticas para cada día del año)*

"*Sopa de pollo para el alma de la madre* es un conmovedor ejemplo de las alegrías y vicisitudes de la maternidad, al igual que de los extraordinarios dones que las madres del mundo entero le conceden a la humanidad".

Reverenda Melissa Bowers

"Aquella tierna y profunda armonía entre madre e hijo que comienza antes de nacer y continúa a través del tiempo aparece bellamente expresada en todos los relatos de *Sopa de pollo para el alma de la madre*".

Dra. Melanie Brown
Presidenta y fundadora, My Baby U., Inc.

"Las abuelas también encontrarán en *Sopa de pollo para el alma de la madre* una verdadera celebración de su misión en la tierra. Es una fuente de inspiración para todas las madres o para quienes alguna vez han tenido hijos".

Dr. Lillian Carson
Escritora, *The Essential Grandparent: A Guide to Making a Difference (El abuelo inmanente: Guía para provocar cambios positivos en su vida)*

"*Sopa de pollo para el alma de la madre* es el testimonio de la fuerza más poderosa y maravillosa que existe en la tierra: el amor entre madre e hijo. Estos conmovedores relatos alegran el corazón y ponen fuego en el espíritu de la forma que sólo el amor de una madre es capaz de inspirar".

Karan Ihrer
Experta en educación prenatal

SOPA DE POLLO PARA EL ALMA DE LA MADRE

Nuevos relatos que conmueven el corazón y ponen fuego en el espíritu

Jack Canfield
Mark Victor Hansen
Jennifer Read Hawthorne
Marci Shimoff

Traducción
Magdalena Holguín

AGUILAR

Agradecemos a todas las personas y editores que otorgaron su autorización para reproducir las historias que aparecen en este libro. (Nota: Aquellos relatos anónimos, del dominio público, o escritos por Jack Canfield, Mark Victor Hansen, Jennifer Read Hawthorne o Marci Shimoff no aparecen en dicha lista.)

Título original: *Chicken Soup For The Mother's Soul*

© De la edición original: 1999 Jack Canfield, Mark Victor Hansen, Jennifer Read Hawthorne y Marci Shimoff. Publicado por acuerdo con Health Communications, Inc. 3201 S.W. 15th Street, Deerfield Beach, FL 33442-8190

© De esta edición:
2007, Santillana USA Publishing Company, Inc.
2105 N.W. 86th Avenue
Doral, FL 33122
Tel: (305) 5919522
www.alfaguara.net

ISBN-10: 1-59820-972-8
ISBN-13: 978-1-59820-972-3

Printed in the United States by HCI Printing.
Impreso en los Estados Unidos por HCI Printing.

Revisión y asesoría lingüística: Myriam Ananías.
Diseño de cubierta: Andrea Perrine Brower
Foto de portada: George y Felicity Foster, Foster & Foster, Inc.

Con amor, dedicamos este libro a nuestras madres,
Ellen Taylor, Una Hansen, Maureen Read y
Louise Shimoff, cuyo amor y orientación
han sido el fundamento de nuestra vida.

Dedicamos también este libro a todas las madres,
en todas partes del mundo, cuyas amorosas manos
y corazones nos han tocado, sanado y
alimentado a todos.

Contenido

1. SOBRE EL AMOR

2. LA MANO SOLÍCITA DE LA MADRE

3. EL CORAJE DE UNA MADRE

4. SOBRE LA MATERNIDAD

5. SER MADRE

6. MOMENTOS ESPECIALES

7. MILAGROS

8. DESPRENDIÉNDOSE

9. EL AMOR DE UNA ABUELA

10. GRACIAS, MAMÁ

Agradecimientos

Ha tomado más de un año escribir, compilar y editar *Sopa de pollo para el alma de la madre*. Fue una verdadera obra de amor para todos nosotros. Una de las más grandes alegrías que hemos tenido al crear este libro ha sido trabajar con personas que no solamente han entregado a este proyecto su tiempo y atención, sino también su corazón y su alma; quisiéramos agradecerles su dedicación y abnegada colaboración, sin las cuales este libro no habría podido realizarse:

A nuestras familias, que nos han dado su apoyo y afecto a lo largo de este proyecto, y que han sido—como la sopa de pollo—el elemento vital que ha estimulado las almas de todos nosotros.

A Georgia Noble, por su amor, bondad, y por haber sido una madre ejemplar.

A Christopher Noble Canfield, por compartir con nosotros su inocencia, su arte, sus canciones, su actuación, sus maravillosos abrazos e irreprimible amor por la vida.

A Patty Hansen, por ser no sólo la compañera más solidaria, amorosa y emprendedora del mundo, sino también una madre extraordinaria.

A Elisabeth Day Hansen, por su sabiduría, amor, alegría y gusto por la vida.

A Melanie Dawn Hansen, por su semblante radiante, espíritu irreprimible, su efusión y la dicha de sentirse llena de vida, compartiendo con nosotros sus experiencias.

A Dan Hawthorne, cuyo compromiso con la verdad nos eleva y nos mantiene en el camino correcto. Gracias por tu permanente sentido del humor, y por recordarnos lo que verdaderamente importa en la vida.

A Amy y William Hawthorne, por su infinita paciencia y por ser "unos muchachos realmente magníficos."

A Maureen H. Read, por ser la encarnación del amor incondicional de las madres.

A Louise y Marcus Shimoff, por su eterno apoyo y afecto—y por ser los mejores padres del mundo.

A Jeanette Lisefski, quien es el epítome de la maternidad. No sólo es una esposa y madre extraordinaria, sino un respaldo invaluable en nuestra vida. Nos ha bendecido a nosotros y a este proyecto con su dedicación, ecuanimidad, creatividad y amor. Agradecemos tu constante disposición, puesto que sin ti no lo hubiéramos logrado.

A Elinor Hall, quien realizó un trabajo extraordinario al ayudarnos a leer e investigar relatos para *Sopa de pollo para el alma de la madre*. Apreciamos profundamente tu apoyo, amor y amistad.

A Carol Kline, por contribuir maravillosamente en la investigación, redacción y edición de las historias de este libro. Agradecemos la excelencia que aportaste a este proyecto y tu leal amistad.

A Amsheva Miller, por su franqueza, visión y la abnegada atención a este proyecto y hacia quienes participamos en él. Agradecemos sinceramente tu interés y tus valiosos consejos.

A Peter Vesgo y Gary Seidler de Health Communications Inc., por reconocer el valor de este libro desde un comienzo y por llevarlo a los hogares de millones de lectores. ¡Gracias, Peter y Gary!

A Patty Aubery, quien estuvo siempre presente cuando necesitamos orientación y consejo sobre cualquier cosa, desde la forma de iniciar una historia hasta cómo manejar el computador. También por mantener en funcionamiento toda la oficina central de *Sopa de pollo para el alma* en medio de lo que parecía un torbellins de actividad. Gracias, Patty, desde el fondo de nuestros corazones.

A Nancy Mitchell, por sus invaluables sugerencias, así como por el excelente trabajo que realiza en la obtención de autorizaciones para publicar todos los relatos y poemas. ¡Gracias, Nancy, por permanecer con nosotros!

A Heather McNamara, directora en jefe de la serie *Sopa de pollo para el alma*, por coordinar todas las evaluaciones de los lectores, por su investigación en Internet, por su edición impecable e inteligente y por la experta preparación del manuscrito final. ¡Eres definitivamente una profesional y es una alegría trabajar contigo!

A Kimberly Kirberger, directora administrativa de la serie *Sopa de pollo para el alma*, por sus importantes sugerencias y contribuciones, y por encargarse de todo para que pudiéramos centrar nuestros esfuerzos en la conclusión de este libro. Agradecemos también tu apoyo emocional.

A Verónica Romero y Leslie Forbes, por encargarse de que en la oficina de Jack el trabajo de producción de esta obra se desarrollara sin dificultad.

A Rosalie Miller, quien mantuvo con eficiencia el flujo de la comunicación durante la realización de este proyecto. Tu sonrisa y aliento infinito han alegrado nuestros corazones.

A Teresa Esparza, quien coordinó de manera brillante los viajes y las conferencias de Jack, así como sus presentaciones en la radio y la televisión durante este tiempo.

A Christine Belleris, Matthew Diener y Allison Janse, nuestros editores en Health Communications Inc., por su abnegación para alcanzar el nivel de excelencia reflejado en la producción del libro.

A Randee Goldsmith, gerente de *Sopa de pollo para el alma* en Health Communications Inc., por su experta coordinación y apoyo de todos los proyectos de esta serie.

A Terry Burke, Kelly Johnson Maragni, Karen Baliff Ornstein, Kim Weiss y Ronni O'Brien de Health Communications Inc., por el esfuerzo extraordinario que realizaron para proyectar la publicidad y comercialización del libro.

A Andrea Perrine Brower de Health Communications, Inc., por trabajar de manera tan paciente y cooperadora en el diseño de la cubierta de este libro.

A Arielle Ford, Peg Booth y Laura Clark y a todos los que trabajan en el The Ford Group, agradecemos su extraordinaria labor como relacionadores públicos, por organizar las sesiones especiales para la firma de libros en todo el país, al igual que las entrevistas que se presentaron a través de la radio, televisión y la prensa.

A Sharon Linnéa y Eileen Lawrence, por su maravilloso trabajo de edición de muchos de los relatos, ya que con sus matices supieron capturar la esencia de la obra.

Así mismo, queremos agradecer a aquellas personas que realizaron la tarea monumental de leer la versión preliminar de este libro, nos ayudaron a hacer la selección final y aportaron su experiencia para ayudarnos a perfeccionar la obra: Patty Aubery, Diana Chapman, Linda DeGraaff, Teresa Esparza, Leslie Forbes, Kelly Foreman, Mary Gagnon, Randee Goldsmith, Elinor Hall, Ciel Halperin, Jean Hammond, Melba Hawthorne, Kimberly Kirberger, Carol Kline, Robin Kotok, Nancy Leahy, Laverne Lingler, Jeanette Lisefski, Barbara McLoughlin, Heather McNamara, Barbara McQuaid, Rosalie Miller,

Nancy Mitchell, Holly Moore, Sue Penberthy, Maureen H. Read, Wendy Read, Carol Richter, Loren Rose, Heather Sanders, Marcus y Louise Shimoff, Karen Spilchuk y Carolyn Strickland.

A Diana Chapman, Patricia Lorenz y Jean Brody, por su apoyo entusiasta a la publicación de este libro.

A Joanne Cox, por su excelente trabajo de mecanografía y por la preparación de los manuscritos preliminares. Gracias por tu extraordinaria atención a los detalles y tu lealtad a este proyecto.

A Fairfield Printing (Fairfield, Iowa), especialmente a Stephanie Harward, por su apoyo entusiasta y disposición a dar prioridad a *Sopa de pollo para el alma de la madre* aun cuando le solicitaran terminar cualquier otro trabajo de impresión.

A Felicity y George Foster, por su aporte en el plano artístico e invaluables ideas sobre el diseño de la cubierta.

A Jerry Teplitz, por su creativo enfoque para probar el diseño del manuscrito y de la cubierta.

A Clay Aloysius White, quien alimentó nuestros cuerpos y nuestras almas con sus exquisitas preparaciones durante las semanas finales del proyecto.

A Terry Johnson, Bill Levacy y Blaine Watson, por sus sagaces consejos sobre los diversos aspectos de este proyecto.

A M., por los dones de la sabiduría y el conocimiento.

A las siguientes personas, que nos apoyaron y animaron en este proyecto: Ron Hall, Rusty Hoffman, Belinda Hoole, Pamela Kaye, Robert Kenyon, Sue Penberthy y Lynn Robertson.

Agradecemos también a los cientos de personas que nos enviaron historias, poemas y citas para incluirlos en *Sopa de pollo para el alma de la madre*. Aun cuando no nos fue posible utilizar todo el material recibido, nos conmovió profundamente la sentida intención de compartir su espíritu y relatos con nosotros y con nuestros lectores. ¡Gracias!

Dada la envergadura de este proyecto, es posible que hayamos omitido los nombres de algunas personas que colaboraron con nosotros. Si así fue, les rogamos que nos disculpen—deben saber que realmente apreciamos la participación de cada uno de ustedes.

Finalmente, queremos expresar nuestra gratitud a todas aquellas personas que pusieron el corazón y todo su esfuerzo en la realización de este proyecto. ¡Nuestro más sincero reconocimiento a todas ellas!

Comparta con nosotros

Nos encantaría escuchar sus comentarios acerca de los relatos incluidos en este libro. Cuéntenos cuáles fueron las historias que más le gustaron y de qué forma éstas han influido en su vida.

Usted también puede enviarnos sus propios relatos para ser incluidos en las próximas ediciones de *Sopa de pollo para el alma de la madre*. Éstos pueden ser originales e inclusive, puede incluir alguna historia que haya leído y considere particularmente atractiva para nuestra serie.

Por favor, haga llegar sus manuscritos en inglés a:
Chicken Soup for the Mother's Soul
P.O. Box 30880
Santa Barbara, CA 93130

Si desea visitar nuestra página en el Internet o enviarnos su correspondencia, diríjase a: *www.chickensoup.com*

Introducción

Este libro es un obsequio para ustedes, las madres del mundo. Al escribirlo, deseábamos honrarlas a todas, pero ¿cómo agradecer a una madre el don de la vida? Mientras leíamos los miles de relatos enviados para seleccionar los de *Sopa de pollo para el alma de la madre*, nos conmovió la profundidad de los sentimientos que expresaba la gente. Muchas personas se referían a los sacrificios que habían hechos sus madres, otras a su gran coraje. Varias compartían la inspiración y el aliento que habían recibido de ellas; pero el tema que predominó fue aquel de la naturaleza eterna del amor maternal.

Uno de los fragmentos que encontramos capta bellamente la esencia de este tema:

Un día sereno, luminoso, dulce y soleado, un ángel se escapó del cielo y bajó a este viejo mundo. Merodeó por los campos y los bosques, las ciudades y las aldeas. Cuando caía el sol, extendió sus alas y dijo: "Ahora ha terminado mi visita y debo regresar al mundo de la luz. Pero antes de partir, debo recolectar algunos recuerdos de mi estadía en la Tierra".

Contempló un bello jardín y dijo: "Qué bellas y fragantes son estas flores". Cortó las rosas menos comunes, hizo un ramo y dijo: "No veo nada más bello y fragante que estas rosas; las llevaré conmigo".

Miró un poco más y vio a un bebé de ojos brillantes y mejillas sonrosadas que sonreía a su madre, y dijo: "Oh, la sonrisa de aquel bebé es más bella que el ramo; la llevaré también".

Luego miró detrás de la cuna y vio el amor de la madre que fluía como el torrente de un río hacia la cuna y el bebé, y dijo: "Oh, el amor de esa madre es lo más bello que he visto en la Tierra; lo llevaré también".

Voló con sus tres tesoros hasta las puertas del paraíso, se detuvo en el umbral y dijo: "Antes de entrar, examinaré mis recuerdos". Contempló las flores y se habían marchitado. Miró la sonrisa del bebé y había desaparecido. Contempló el amor de la madre y allí estaba, en toda su prístina belleza.

Hizo a un lado las flores marchitas y la sonrisa y voló a través de la puerta. Reunió a los ejércitos del cielo y dijo: "He aquí lo único que he hallado en la Tierra que mantiene su belleza hasta el cielo: es el amor de una madre".

Con amor en nuestro corazones, les ofrecemos *Sopa de pollo para el alma de la madre*. Deseamos que experimenten los milagros del amor, la alegría y la inspiración al leer este libro; que toque su corazón y conmueva su espíritu.

**Jack Canfield, Mark Victor Hansen,
Jennifer Read Hawthorne y Marci Shimoff**

1

SOBRE EL AMOR

El amor es una fruta siempre madura, y al alcance de todas las manos.

Madre Teresa

Una sorpresa para mamá

El día de Navidad, toda la alegría de los miembros más cercanos de la familia se veía y se sentía en cada rincón de la casa de mis padres. El aroma del pavo asado, del jamón cocido y del pan horneado estaba en el aire. Mesas y sillas se colocaban en todas partes para acomodar a los niños pequeños, a los adolescentes, a los padres y a los abuelos. Todas las habitaciones estaban espléndidamente decoradas. Ningún miembro de la familia había dejado de pasar el día de Navidad con nuestros padres.

Aquel año, sin embargo, las cosas eran diferentes. Nuestro padre había fallecido el 26 de noviembre, y era la primera Navidad sin él. Mamá hacía lo posible para mostrarse afable como anfitriona, pero yo sabía que esto le resultaba especialmente difícil. Yo también me sentía a punto de llorar, y me preguntaba una y otra vez si debía darle el regalo que había planeado, o si ya no sería apropiado en ausencia de mi padre.

Unos pocos meses antes, me había dedicado a dar los últimos toques a los retratos que había hecho de cada uno de ellos, los cuales pensaba llevárselos como regalo de Navidad. Sería una sorpresa para todos, pues yo no había estudiado arte ni me había interesado seriamente en la pintura. Sentía un irresistible impulso interior que me llevaba a hacerlo. Los retratos se les asemejaban mucho, pero aún no estaba segura de mis técnicas artísticas. Un día, cuando estaba pintando, me sorprendió una llamada en la puerta. Guardé apresuradamente todos mis materiales de pintura y abrí. Para mi sorpresa, entró mi padre solo—nunca antes me había visitado sin mamá. Sonriendo, dijo: "Sabes, echo de menos nuestras conversaciones temprano en la mañana, aquellas que sosteníamos antes de que decidieras dejarme por otro hombre". Yo llevaba poco tiempo casada y, además, era la única mujer y la menor de mis hermanos.

De inmediato quise enseñarle los retratos, pero no deseaba arruinar la sorpresa de Navidad. Sin embargo, algo me impulsó a compartir este momento con él. Después de hacerle jurar que mantendría el secreto, insistí en que permaneciera con los ojos cerrados hasta que yo hubiera colocado los retratos en los caballetes. "Está bien, papá, ¡ya puedes mirar!"

Pareció asombrado, pero no dijo nada. Se levantó y se aproximó a examinarlos. Luego se retiró para contemplarlos a cierta distancia. Yo intentaba contener mi nerviosismo. Finalmente, conmovido, murmuró: "No puedo creerlo. Los ojos parecen tan reales que te siguen a todas partes—y mira qué bella es tu madre. ¿Me permites que los haga enmarcar?"

Complacida con su reacción, me ofrecí a llevarlos al día siguiente a la tienda.

Transcurrieron varias semanas. Luego, una noche de noviembre, sonó el teléfono y un escalofrío paralizó mi cuerpo. Levanté el aparato y escuché decir a mi esposo, que es médico: "Estoy en urgencias. Tu padre ha sufrido un infarto cardíaco. Es grave, pero aún está con vida".

Papá permaneció en coma durante varios días. Fui al

hospital a visitarlo el día antes de su muerte. Deslicé mi mano en la suya y le pregunté si sabía quién era yo. Sorprendió a todos cuando susurró, "Eres mi hija querida". Murió al día siguiente, y parecía como si la vida de mi madre y la mía hubieran perdido toda su alegría.

Finalmente, recordé llamar para preguntar acerca de los marcos, y agradecí a Dios que mi padre hubiera tenido la oportunidad de ver los retratos antes de morir. Me sorprendí cuando el dueño de la tienda me dijo que mi padre había estado allí, y que había pagado los marcos y solicitado que los empacaran para regalo. En medio de aquella pena, ya no pensaba obsequiarle los retratos a mi madre.

Aun cuando habíamos perdido al patriarca de la familia, todos nos reunimos el día de Navidad e hicimos el esfuerzo de mostrarnos alegres. Cuando contemplé los ojos tristes de mi madre y su rostro adusto, decidí darle el regalo de papá y mío. Mientras rompía el papel de la envoltura, vi que su corazón no estaba en ello. Había una tarjeta en el interior, pegada a los cuadros.

Después de mirar los retratos y leer la tarjeta, su actitud cambió por completo. Saltó de la silla, me entregó la tarjeta y encargó a mis hermanos que colgaran los retratos uno enzrente del otro sobre la chimenea. Retrocedió y los contempló largamente. Con los ojos brillantes, llenos de lágrimas, y una amplia sonrisa, se volvió y dijo: "¡Sabía que papá estaría con nosotros el día de Navidad!"

Miré la tarjeta, con la letra garabatosa de mi padre. "Mamá: Nuestra hija me recordó por qué soy tan afortunado. Siempre estaré mirándote, Papá".

Sarah A. Rivers

El Día de la Madre

Hace veintiséis años que mi amigo del ejército Dan y yo cargamos su Corvette 427 azul metálico con neveras portátiles bermudas y camisetas, y pasamos frente a la lúgubre fachada de la policía militar de sombrío semblante hacia la puerta principal del fuerte McClellan. Preparados con los permisos para el fin de semana y con los bolsillos llenos de billetes nuevos que habíamos recibido por la primera semana de pago en el campamento de verano del Ejército de Reserva, nos dirigíamos a la Florida—y el ejército era lo último en lo que pensábamos. Felices al no encontrar nuestros nombres en la tabla de asignación de deberes del fin de semana, decidimos que un fin de semana en la playa era precisamente lo que necesitábamos para recuperarnos de cuatro días de raciones reducidas y de mosquitos en las colinas orientales de Alabama.

Nuestro campo de verano había comenzado muy pronto aquel año. El clima de mayo había sido delicioso, y con la capota abajo y el equipo de sonido en alto llegamos a Birmingham y decidimos detenernos allí para llamar a nuestras madres y desearles un feliz día antes de continuar nuestro viaje hacia el sur por la autopista. Encontré a mamá en casa y me dijo que acababa de regresar de la tienda. Por el tono de su voz, supe que estaba decepcionada de que yo no pasara aquel día especial en familia. "Que tengas un buen viaje y ten cuidado. Te echaremos de menos", dijo.

Cuando regresé al auto, por el rostro de Dan supe que él también estaba padeciendo del mismo sentimiento de culpa que me obsesionaba. Entonces tuvimos una brillante idea. Enviar flores, desde luego.

Aparcamos al lado de una florería del sur de Birmingham. Cada uno garabateó una nota para enviarla con las flores que nos absolverían de la culpabilidad de pasar nuestro único fin de semana libre en la playa y no con nuestra querida madre.

Aguardamos mientras el dependiente ayudaba a un niño, quien estaba eligiendo un arreglo floral, evidentemente para su madre. Impacientes, deseábamos pagar las flores y partir.

El niño se mostraba orgulloso a más no poder cuando se volvió hacia mí sosteniendo su arreglo mientras el dependiente escribía la orden.

"Estoy seguro de que le encantarán a mamá—dijo—. "Son claveles. A ella le fascinaban los claveles. Le agregaré algunas flores del jardín, antes de llevarlos al cementerio".

Levanté la vista hacia el dependiente, que se veía conmovido. Luego miré a Dan. Observamos al niño que salió de la tienda, orgulloso de su arreglo, y trepó al asiento de atrás del auto de su padre.

"¿Ya eligieron lo que desean?", preguntó el dependiente, quien apenas podía hablar.

"Supongo que sí", respondió Dan. Botamos las tarjetas a la basura y nos dirigimos en silencio hacia el auto.

"Vendré a buscarte el domingo en la tarde, hacia las

cinco", dijo Dan deteniéndose frente a la casa de mis padres.

"Te esperaré", respondí, mientras me esforzaba por sacar mi bolsa de la parte trasera del auto.

Florida definitivamente podía esperar.

Niki Sepsas

Las pinzas para el cabello

Cuando tenía siete años, escuché a mi madre decir a una de sus amigas que cumpliría treinta años al día siguiente. Pensé dos cosas cuando la escuché: primera, que nunca antes había advertido el cumpleaños de mi madre; y, segunda, que no recordaba que ella hubiera recibido nunca un regalo de cumpleaños.

Pues bien, podría hacer algo al respecto. Mi dirigí a mi habitación, abrí mi alcancía y tomé todo el dinero que tenía adentro: cinco monedas de cinco centavos, que representaban cinco semanas de mesada. Caminé entonces hasta la pequeña tienda al lado de mi casa y le dije al dueño, el señor Sawyer, que deseaba comprar un regalo de cumpleaños para mi madre.

Me enseñó todo lo que había en su tienda por un valor de veinticinco centavos. Había varias figuritas de cerámica que a mi madre le hubieran encantado, pero ya tenía muchísimas y era yo quien debía limpiarlas una vez a la semana; definitivamente no sería eso. Había también unas cajas de caramelos pero mi madre era diabética, así que tampoco serían apropiadas.

Lo último que me enseñó el señor Sawyer fue un

paquete de pinzas para el cabello. Mi madre tenía un hermoso cabello negro y largo, y dos veces a la semana se lo lavaba y rizaba con pinzas. Cuando las retiraba al día siguiente, parecía una actriz de cine con sus bucles largos y oscuros cayendo en cascada sobre sus hombros. Decidí entonces que aquellas pinzas serían el regalo perfecto para mi madre. Le entregué al señor Sawyer mis veinticinco centavos, y él me dio las pinzas.

Las llevé a casa y las empaqué en una página llena de colores vivos de las tiras cómicas del domingo (no tenía dinero para el papel de regalo). A la mañana siguiente, cuando mi familia se encontraba en la mesa del desayuno, me dirigí a mi madre, le entregué el paquete y le dije: "¡Feliz cumpleaños, mamita!"

Mi madre permaneció muda de asombro algunos momentos. Luego, con lágrimas en los ojos, rompió la envoltura, y cuando llegó a las pinzas para el cabello, estaba sollozando.

"¡Lo siento, mamita!—me disculpé—. No deseaba hacerte llorar. Sólo quería que tuvieras un feliz cumpleaños".

"¡Oh, cariño, estoy feliz!", me dijo. Miré sus ojos y vi que sonreía a través de las lágrimas. "¿Sabes que éste es el primer regalo de cumpleaños que he recibido en toda mi vida?", exclamó.

Luego me besó en la mejilla y me dijo: "Gracias, cariño." Se volvió hacia mi hermana y le dijo: "¡Mira, Linda me trajo un regalo de cumpleaños!" Después se volvió hacia mis hermanos y les dijo: "¡Miren, Linda me trajo un regalo de cumpleaños!" Y se volvió hacia mi padre y le dijo: "*¡Mira, Linda me trajo un regalo de cumpleaños!*"

Y luego fue a lavarse el cabello para sujetarlo con sus pinzas nuevas.

Cuando salió de la habitación, mi padre me dijo que cuando era niño, en su hogar no acostumbraban a dar regalos de cumpleaños a los adultos sino sólo a los niños pequeños, y que la familia de mi madre era tan pobre, que ni siquiera eso hacían. Y agregó: "Al ver cuán feliz has hecho a tu madre hoy, me has hecho pensar acerca de esto de otra manera. Lo que quiero decir, Linda, es que creo que has sentado un precedente aquí".

Y, en efecto, senté un precedente. Después de esto, cada año mamá se veía abrumada de regalos el día de su cumpleaños por parte de cada miembro de la familia. Y, desde luego, cuanto más crecíamos los niños, más dinero teníamos y eran mejores los regalos que recibía. A los veinticinco años, yo ya le había regalado un equipo de música, un televisor en colores y un horno de microondas (el cual decidió cambiar por una aspiradora).

Cuando cumplió cincuenta años, mis hermanos y yo reunimos dinero y le compramos algo espectacular: un anillo de perla, rodeada de diamantes. Cuando mi hermano mayor le entregó aquel anillo en la fiesta que habíamos hecho en su honor, abrió la caja de terciopelo y zijó la mirada en la joya. Luego sonrió y mostró el estuche para que los invitados pudieran apreciar aquel obsequio especial, y dijo: "¿No son maravillosos mis hijos?" Luego pasó el anillo de mano en mano, y fue emocionante escuchar el suspiro colectivo que se extendió como una ola por todo el salón.

Me quedé en casa para ayudar en la limpieza cuando los invitados se marcharon. Estaba lavando los platos en la cocina cuando escuché la conversación que sostenían mis padres en la habitación contigua. "Bueno, Pauline—dijo mi padre—, qué belleza de anillo el que tienes. Creo que es el mejor regalo de cumpleaños que has recibido jamás".

Mis ojos se llenaron de lágrimas cuando escuché la respuesta de mi madre. "Ted—dijo suavemente—, es un anillo precioso, no puedo negarlo. Pero el mejor regalo de cumpleaños que haya recibido jamás fue un paquete de pinzas para el cabello".

Linda Goodman

"Aprieta mi mano y te diré que te amo"

¿Recuerdas cuando eras niño y te caías y te lastimabas? ¿Recuerdas qué hacía tu madre para aliviar el dolor? Mi madre, Grace Rose, me alzaba, me llevaba a su cama, me sentaba allí y besaba mi "ayayay". Luego se sentaba a mi lado, tomaba mi mano entre las suyas y decía: "Cuando duela, aprieta mi mano y te diré que te amo". Una y otra vez apretaba su mano, y cada vez, sin falta, escuchaba las palabras: "Mary, te amo". En ocasiones fingía que me había lastimado sólo para practicar aquel rito con ella. Cuando crecí, el rito cambió, pero mi madre encontró siempre la manera de mitigar el dolor y aumentar la alegría que yo sentía en cualquier aspecto de mi vida. Durante los días difíciles de la secundaria, tenía siempre una barra de chocolate con almendras cuando yo regresaba a casa. Después de los veinte años, llamaba a menudo invitándome para que compartiéramos un almuerzo informal en el parque y celebráramos simplemente la calidez y la hermosura de un día cualquiera. Una nota de agradecimiento llegaba en el correo después de cada visita que hacían ella y mi padre a mi casa, recordándome que yo era muy especial para ella.

Pero el rito más memorable seguía siendo aquel que practicábamos cuando yo era niña y ella sostenía mi mano y decía: "Cuando duela, aprieta mi mano y te diré que te amo".

Cuando me aproximaba a los cuarenta años, mis padres habían estado en casa una noche y a la mañana siguiente recibí una llamada de mi padre en el trabajo. Él siempre era asertivo y claro en sus instrucciones, pero esta vez sentí pánico y confusión en su voz. "Mary, algo le ocurre a tu madre y no sé qué hacer. Por favor, ven en cuanto puedas".

Los diez minutos que tardé en llegar a casa de mis padres me llenaron de temor. No sabía qué le había sucedido a mi madre. Cuando llegué, encontré a mi padre paseando de arriba abajo en la cocina y a mamá en cama. Tenía los ojos cerrados y las manos sobre el estómago. La llamé, tratando de mantener mi voz lo más serena posible. "Mamá, estoy aquí".

"¿Mary?"

"Sí, mamá".

"Mary, ¿eres tú?"

"Sí mamá, soy yo".

No estaba preparada para la pregunta siguiente, y cuando la escuché me paralicé, sin saber qué responder.

"Mary, ¿voy a morir?"

Las lágrimas se agolparon dentro de mí al contemplar a mi amorosa madre reclinada allí, tan indefensa.

Pensé con rapidez, hasta que se me ocurrió preguntarme qué diría mamá en una circunstancia como ésta.

Hice una pausa que pareció durar un millón de años, esperando que fluyeran de mi boca las palabras: "Mamá, no sé si vas a morir, pero si tiene que ser así, está bien. Te amo".

LLena de angustia, exclamó: "Mary, me duele tanto".

De nuevo, me pregunté qué debería decir. Me senté a su lado en la cama, tomé su mano y me escuché diciéndole: "Mamá, cuando duela, aprieta mi mano y te diré que te amo".

Apretó mi mano.

"Mamá, te amo".

Muchos apretones de mano y "te amo" compartimos mi madre y yo durante los dos años siguientes, hasta que murió de cáncer del ovario. Nunca sabremos cuándo llegará nuestro hora, pero sé que cuando suceda, con quien quiera que esté, le ofreceré el dulce rito de mi madre cada vez: "Cuando duela, aprieta mi mano y te diré que te amo".

Mary Marcdante

Ha nacido un niño

Un domingo, poco antes del Día de Acción de Gracias, Angus McDonnell, uno de los miembros de mi congregación, me anunció el nacimiento de su nieto, "el pequeño Angus Larry", y me pidió que oficiara la ceremonia del bautismo. La junta de nuestra iglesia se mostraba reticente porque la familia del niño residía en otro Estado; la iglesia toma muy en serio su compromiso de apoyar a las personas que son bautizadas allí.

Pero la voluntad de Angus McDonnell prevaleció, y el domingo siguiente el pequeño Angus Larry fue bautizado en presencia de sus padres, Larry y Sherry, el abuelo Angus y su abuela Minnie y muchos otros miembros de la familia.

Nuestra congregación tiene una costumbre durante el rito del bautismo: el pastor pregunta: "¿Quién está con este niño?", y luego toda la familia del pequeño se levanta y permanece de pie durante el resto de la ceremonia. Así, con Angus Larry en mis brazos, formulé la pregunta y todos sus parientes se levantaron.

Después de la ceremonia, todos se apresuraron a llegar a casa para disfrutar de la fiesta, y yo regresé a la iglesia para apagar las luces. Una mujer de mediana edad se encontraba en el reclinatorio de la primera fila. Parecía no hallar las palabras y se mostraba indecisa en mirarme. Finalmente, dijo que su nombre era Mildred Cory, y comentó qué bello había sido el bautismo. Después de otra larga pausa, añadió que su hija Tina acababa de tener un bebé, y que debería ser bautizado.

Le sugerí que Tina y su esposo me llamaran para hablar acerca de ello. Mildred vaciló de nuevo y luego, mirándome a los ojos por primera vez, dijo: "Tina no tiene esposo. Sólo tiene dieciocho años, y fue confirmada en esta iglesia hace cuatro años. Solía venir con la asociación del último año de secundaria, pero luego comenzó a salir con un muchacho que no era del colegio . . . "

Mildred concluyó el relato sin temor: " . . . y quedó embarazada. Ella desea bautizarlo aquí en su propia iglesia, pero se pone nerviosa de hablar con usted, Reverendo. Le puso Jimmy al bebé".

Le dije que solicitaría la aprobación de la junta de la iglesia.

Cuando se presentó el asunto en la reunión siguiente, expliqué lo que todos sabían ya—es decir, que Tina era miembro de la iglesia, que era una madre soltera y que yo no sabía quién era el padre del niño. Ellos, desde luego, sí lo sabían; éste es un pueblo pequeño.

Hicieron algunas preguntas acerca de si Tina se mantendría fiel al compromiso que adquiría al bautizar a su hijo. Observé que, después de todo, ella y el pequeño Jimmy vivían aquí en el pueblo y podíamos ofrecerles el apoyo necesario.

El verdadero problema era la imagen que todos teníamos en mente: Tina, con su acné y su aspecto juvenil, con el pequeño Jimmy en brazos; el padre desaparecido; y Mildred Cory, la única persona que se pondría de pie cuando se formulara la pregunta acostumbrada. A todos nos dolía pensar en ello. Sin embargo, la junta aprobó el bautismo, que fue programado para el último domingo de adviento.

Aquel día la iglesia estaba llena, como suele suceder el último domingo antes de Navidad. Tina caminó nerviosa hacia el altar, de prisa, sonriéndome sólo a mí, temblando ligeramente con el pequeño Jimmy en los brazos. Esta joven madre se encontraba tan sola. Sería una vida difícil para este par.

Leí la parte inicial del servicio y luego, mirando a Mildred Cory, formulé la pregunta: "¿Quién está con este niño?" Asentí levemente a Mildred, para indicarle que debía ponerse de pie. Se levantó lentamente, mirando hacia todos lados, y luego me sonrió.

Mis ojos regresaron al libro de oraciones. Me disponía a formular a Tina las preguntas correspondientes a los padres, cuando advertí un movimiento en las bancas. Angus McDonnell se había puesto de pie, y Minnie a su lado. Luego otra pareja de personas mayores hizo lo mismo. Luego uno de los profesores de catecismo, después una joven pareja, y pronto, ante mis incrédulos ojos, toda la iglesia se había puesto de pie para apoyar al pequeño Jimmy.

Tina lloraba. Mildred Cory se aferraba a la banca como si se encontrara en la cubierta de un barco en alta mar; de alguna manera, era una experiencia semejante.

La lectura del Evangelio para aquel día eran unas breves líneas de San Juan:

> *Mirad cuál amor nos ha dado el Padre, para que seamos llamados hijos de Dios . . . Nadie ha visto jamás a Dios. Si nos amamos unos a otros, Dios permanece en nosotros, y su amor se ha perfeccionado en nosotros . . . En el amor no hay temor, sino que el perfecto amor echa fuera el temor.*

Durante el bautizo, aquellas antiguas palabras cobraron vida; se hicieron realidad y nos conmovieron a todos.

Reverendo Michael Lindvall

"Yo nací dos veces"

Antes de que fueras concebido, te deseaba
Antes de que nacieras, te amaba
Antes de que tuvieras una hora de nacido,
hubiera muerto por ti
Este es el milagro del amor.

Maureen Hawkins

Mamá siempre está allí cuando la necesitas. Ayuda, protege, escucha, aconseja y alimenta física y moralmente. Se asegura de que su familia sea amada veinticuatro horas al día, siete días a la semana, cincuenta y dos semanas al año. Al menos así es como yo recuerdo a mi madre, los pocos años maravillosos que tuve la suerte de estar con ella. Pero no hay palabras que describan el sacrificio que hizo por amor a mí, su joven hijo.

Yo tenía diecinueve años cuando me conducían a un campo de concentración con un grupo grande de otros judíos. Era evidente que estábamos destinados a morir. De repente, mi madre ingresó en el grupo y cambió de puesto conmigo. Aun cuando esto sucedió hace más de cincuenta años, nunca olvidaré las últimas palabras que

me dirigió mi su mirada de despedida.
"Ya he vivido suficiente. Debes sobrevivir porque eres
muy joven", dijo.
La mayoría de los niños nace sólo una vez. Yo nací dos
veces—de la misma madre.

Joseph C. Rosenbaum

La puerta sin cerrojo

Cuando eras pequeño
Y estabas muy cerca de mí
Te cubría contra el frío de la noche.
Pero ahora que eres grande
Y estás fuera de mi alcance
Junto las manos
Y te cubro con una oración.

Mother's covers de Dona Maddux Cooper

En Glasgow, Escocia, una joven, como muchos de los adolescentes de hoy, se cansó de su hogar y de las restricciones que le imponían sus padres. Así mismo, rechazaba el estilo de vida religiosa de su familia, y dijo: "No quiero a su Dios. Renuncio. ¡Me marcho!"

Dejó su hogar, decidida a convertirse en una mujer de mundo. Poco después, sin embargo, estaba en la miseria y no conseguía un empleo. Se dedicó entonces a recorrer las calles para vender su cuerpo como prostituta. Transcurrieron los años, su padre murió, su madre envejeció y ella se aferraba cada vez más a su modo de vida.

No hubo ningún contacto entre madre e hija durante

aquellos años. La madre, al enterarse de dónde vivía su hija, se dirigió a aquella sección abandonada de la ciudad en busca de ella. Se detenía en cada una de las misiones de socorro con una sencilla petición. "¿Me permite fijar esta fotografía en la cartelera?" Era una fotografía de la madre, sonriendo y con los cabellos grises, con un mensaje escrito a mano en la parte inferior: "No he dejado de amarte . . . ¡regresa a casa!"

Transcurrieron algunos meses y no sucedió nada. Un día, la hija entró en una de las misiones de rescate para recibir una comida que necesitaba con urgencia. Se sentó distraídamente a escuchar el oficio religioso, mientras dejaba que su mirada errara por la cartelera de anuncios. Allí vio la fotografía y pensó: *¿Podría ser mi madre?*

Sin poderse contener hasta que terminara el sermón, se puso de pie y fue a mirar de cerca el anuncio. Era de su madre y contenía aquellas palabras: "No he dejado de amarte . . .¡regresa a casa! De pie, frente al retrato, lloró de emoción, pues no podía creer que algo tan maravilloso le pudiera suceder a ella.

Ya era de noche, pero se sintió tan conmovida por el mensaje que comenzó a caminar hacia su hogar. Llegó a la madrugada. Sentía temor y avanzaba tímidamente, sin saber realmente qué hacer. Cuando llamó a la puerta, esta se abrió de par en par. Pensó que algún ladrón había entrado antes. Preocupada por la seguridad de su madre, corrió hacia su habitación y la encontró dormida. La sacudió para despertarla y le dijo: "¡Soy yo, soy yo, estoy en casa!"

La madre no podía creer lo que veía. Se secó las lágrimas y se estrecharon en un fuerte abrazo. La hija le dijo: "¡Estaba tan preocupada! La puerta estaba abierta y pensé que había entrado un ladrón".

La madre respondió dulcemente: "No, cariño. Desde el día que te marchaste, la puerta nunca ha tenido cerrojo".

Robert Strand

Madre por un día

Como madre de tres preciosos niños, tengo muchos recuerdos especiales para compartir. Sin embargo, uno de los momentos más especiales como madre sucedió con el hijo de otra persona. Es un momento que siempre recordaré con cariño.

Michael llegó a nuestro campamento de verano para niños con baja autoestima, enviado por un orfanato en donde residía. Tenía doce años y su vida había sido difícil. Su padre lo había traído a este país de un lugar desvastado por la guerra después de la muerte de su madre, para que tuviera "una vida mejor". Infortunadamente, fue dejado al cuidado de su tía, quien abusó de él física y emocionalmente. Se había convertido en un niño duro, con poca confianza en sí mismo y el convencimiento de que nadie lo querría.

Pasaba el tiempo con otros niños que eran igualmente negativos, llenos de ira y agresivos. La "pandilla" era un reto para los monitores, pero permanecimos con ellos y continuamos aceptándolos y amándolos como eran. Reconocíamos todo su comportamiento externo como un reflejo de cuán profundamente habían sido heridos.

En la quinta noche de nuestra experiencia de siete días, convidamos a los niños a acampar bajo las estrellas. Cuando Michael se enteró de este acontecimiento, dijo que lo consideraba "estúpido" y que no asistiría. Evitamos una lucha de poder con él y continuamos con los preparativos.

Mientras la luna brillaba con fuerza en el cielo y caía la tarde, los niños comenzaron a preparar sus sacos de dormir para pasar la noche en un enorme muelle cerca del lago. Advertí que Michael andaba solo con la cabeza baja. Me vio y se dirigió rápidamente a mi encuentro. Pensé que podía eludir sus quejas y le dije que buscáramos su saco de dormir y un buen lugar para él y sus amigos.

"No tengo un saco de dormir", susurró en voz baja.

"Bueno, eso no es problema—exclamé—. Extenderemos un par de sacos y conseguiremos unas frazadas para cubrirte".

Pensando que había solucionado su dilema, comencé a alejarme. Michael me jaló de la manga y me llevó aparte del resto de los niños.

"Anne, debo decirte algo". Vi aquel rostro de niño duro que se suavizaba por la incomodidad y la vergüenza que le producía lo que se disponía a decirme. En un susurro apenas audible, me confesó: "Mira, es que tengo este problema. Yo . . . Yo . . . . me mojo en la cama todas las noches". Me alegré de que susurrara en mi oído y no pudiera ver mi cara de asombro. Ni siquiera me había pasado por la mente que esa fuera una de las razones de su actitud negativa. Le agradecí por haberme confiado su "problema" y le dije que comprendía por qué el acontecimiento de la tarde le provocaba tanto malestar. Decidimos que dormiría solo en una cabaña aquella noche, y que sólo se alejara en silencio del grupo.

Me marché con él y durante la larga caminata de

regreso le pregunté si sentía temor de dormir solo. Me aseguró que eso no era un problema y que había enfrentado cosas mucho más aterradoras en la vida. Mientras colocábamos un juego de sábanas limpias en su cama, hablamos acerca de lo difíciles que habían sido sus primeros doce años y me dijo cuánto deseaba que el futuro fuese diferente. Le dije que el tenía todo el poder que necesitaba para hacer de su vida lo mejor. Lucía tan vulnerable, dulce y auténtico por primera vez en aquella semana. Saltó a su cama y le pregunté si podía arroparlo. "¿Qué significa 'arropar'?", preguntó con curiosidad. Conmovida, lo abrigué con las frazadas y lo besé en la frente.

"Buenas noches, Michael, ¡creo que eres formidable!", murmuré.

"Buenas noches. ¡Ah! y gracias por ser como una especie de mamá conmigo, ¿está bien?", dijo con ternura.

"No hay de qué, cariño", le respondí, abrazándolo. Mientras me volvía para salir—con tres juegos de sábanas sucias enrolladas bajo el brazo y con lágrimas en los ojos—di gracias a Dios por el amor que puede darse entre una madre y su hijo, así sea sólo por un día.

Anne Jordan

2

LA MANO SOLÍCITA DE LA MADRE

Dios no puede estar en todas partes, por eso creó a las madres.

Proverbio árabe

"Para leer a solas"

Cuando yo tenía trece años, mi familia se había mudado al sur de California del norte de la Florida un año antes. La adolescencia me había golpeado fuertemente. Me mostraba enojado y rebelde, y prestaba muy poca atención a lo que decían mis padres, en especial si se refería a mí. Como tantos adolescentes, luchaba por evadir todo aquello que no concordara con la imagen que tenía del mundo. Al creerme un joven "brillante que no necesitaba consejos", rechazaba toda manifestación abierta de cariño. De hecho, me enojaba al escuchar la palabra amor.

Una noche, después de un día especialmente difícil, me encerré enojado en mi habitación y me fui a la cama. Mientras yacía allí en la intimidad de mi dormitorio, mis manos se deslizaron debajo de la almohada. Encontré un sobre que decía, "Para leer a solas".

Puesto que estaba a solas, nadie sabría si lo leería o no, así que lo abrí. Decía: "Mike, sé que tu vida es difícil ahora, sé que te sientes frustrado y que no siempre hacemos las cosas bien. También sé que te amo con toda el alma y que nada de lo que digas o hagas podrá cambiar eso. Estaré siempre a tu lado por si necesitas hablar, y si no, no te preocupes. Sólo quiero que sepas que no importa a dónde vayas o lo que hagas en tu vida, siempre te amaré y me sentiré orgullosa de que seas mi hijo. Estaré siempre contigo y te quiero—eso nunca cambiará. Con amor, Mamá". Esa fue la primera de varias cartas "para leer a solas". Nunca se mencionaron hasta que fui adulto.

Hoy en día viajo por todo el mundo ayudando a la gente. Al final de un día que me encontraba en Sarasota, Florida, dando un seminario, una dama se me acercó para confiarme los problemas que tenía con su hijo. Caminamos por la playa y le conté acerca del eterno amor de mi madre y de las cartas "para leer a solas". Varias semanas después recibí una tarjeta en la que me decía que le había escrito su primera carta a su hijo.

Aquella noche, cuando me fui a la cama, puse mis manos debajo de la almohada y recordé el alivio que sentía cada vez que recibía una carta. En mis años turbulentos de adolescencia, las cartas eran el testimonio de que me amarían por lo que era, no por lo que hiciera. Justo antes de quedarme dormido, agradecí a Dios que mi madre supiera lo que yo, un adolescente rebelde, necesitaba.

Hoy, cuando hay tempestades en los mares de la vida, tengo la certeza de que bajo mi almohada existirá siempre aquel testimonio de que el amor—constante, perdurable, incondicional—transforma la vida.

Mike Staver

Una terapia de abrazos

Una caricia vale más que mil palabras.

Harold Bloomfield

Cuando mi hija menor, Bernadette, tenía diez años, me vi muy preocupada por ella. Los cuatros años anteriores habían sido sumamente difíciles para la familia. Bernardette había mantenido una relación muy estrecha con sus abuelos, quienes la mimaron desde pequeña. Ambos murieron, uno tras otro, en un corto período de tiempo. Una sucesión inexorable de pérdidas como ésas es muy difícil de sobrellevar para cualquiera, en especial para una niña de su edad. Todo esto fue particularmente difícil para Bernadette, dada su naturaleza sensible y amorosa. Estaba sumida en una terrible depresión, rara vez sonreía y parecía limitarse a seguir el curso de la vida. Su vivacidad característica se apagó drásticamente.

Yo no sabía qué hacer. Bernadette se daba cuenta de que yo estaba preocupada por ella, y esto parecía aumentar el peso que sobrellevaba. Un día, después de que salió para la escuela, me senté en la sala en una silla bastante cómoda. Nuestra familia había sido siempre aficionada a los abrazos. Cuando era niña, mis padres, abuelos, tíos y tías se precipitaban a abrazarnos a los niños. Desde cuando salí de casa, cualquiera que fuesen los problemas que me agobiaran, me veía en el regazo de mi padre, rodeada por sus brazos. "Oh, papá—murmuré a mi padre muerto—, ¿qué puedo hacer para ayudar a Bernadette?"

Casi rompo a reír cuando se me ocurrió algo. Recientemente había leído acerca de los efectos terapéuticos de los abrazos. ¿Podría ser que una "terapia de abrazos" le sirviera a mi hija?

Sin saber a qué más recurrir, decidí abrazarla tan frecuentemente como fuese posible, sin que pareciera algo premeditado.

Lentamente, durante las semanas siguientes, Bernadette parecía más alegre y relajada. Cada vez sonreía con mayor frecuencia—con aquella auténtica sonrisa que iluminaba su rostro. Trabajaba y jugaba con un entusiasmo cada vez mayor. A los pocos meses, los frecuentes y sinceros abrazos habían vencido la melancolía.

Nunca le hablé a Bernadette de mi estrategia, pero ella reconocía con claridad lo importantes que habían sido los abrazos. Cuando se sentía preocupada, insegura o sólo un poco "deprimida", me pedía un abrazo. O cuando advertía que yo estaba triste o tensa, me decía: "Parece que necesitas un abrazo". ¡Esto llegó a convertirse en una adicción!

Transcurrió el tiempo. Abrazarnos se convirtió para nosotras en un alivio tan sencillo que nunca pensamos que sería un problema. Pero en algún momento, durante la época en que Bernadette seleccionaba la universidad a la que deseaba ingresar, ambas advertimos que enfrentaríamos un período de separación—porque la universidad elegida se encontraba a 3.000 kilómetros de distancia.

Celebramos mi cumpleaños una semana antes de que Bernadette partiera para la universidad. La semana anterior, me había dicho entusiasmada que tenía una idea maravillosa para un regalo. Se embarcaba en misteriosas expediciones de compras y, periódicamente, se encerraba en su habitación para trabajar en su creación.

El día de la celebración, me ofreció un regalo bellamente empacado. Un poco nerviosa, dijo que esperaba que yo no lo considerara algo tonto. Abrí el sobre y encontré la fotocopia de un cuento, que me pidió leer en voz alta. "El juez que abrazaba" había aparecido en el libro original de *Sopa de pollo para el alma*. Bernadette escuchó mientras yo leía acerca de Lee Shapiro, un juez pensionado que ofrecía abrazos a todo el que parecía necesitarlos—fuese un chófer de autobús víctima de un asalto o una policía de tránsito que hubiese sido acosada sin piedad. Creó la Caja de Abrazos, que contenía pequeños corazones adhesivos que podía obsequiar a extraños a cambio de un abrazo. Finalmente, enfrentó una prueba personal cuando un amigo lo condujo a un asilo para minusválidos, donde encontró a muchísimas personas que necesitaban desesperadamente un abrazo. Al final de aquel día sombrío, enfrentó a un pobre hombre que sólo podía permanecer sentado y babear. Después de que el juez se forzó a abrazar a este hombre solitario, el paciente sonrió por primera vez en veintitrés años. El relato terminaba con "Qué sencillo es influir positivamente en la vida de los demás".

Profundamente conmovida, rasgué el papel de regalo. Adentro había un frasco alto y transparente, decorado con un letrero brillante que decía "Abrazos", y lleno de almohadillas diminutas, cosidas a mano, en forma de corazón.

Bernadette está lejos ahora, pero cada vez que miro el frasco de corazones, siento como si me abrazara de nuevo.

Algunas familias dejan a las generaciones futuras un legado de riqueza o de fama. Yo recuerdo la importancia de los abrazos de mi padre, y siento que si puedo transmitir a las generaciones futuras este sencillo acto de amor y aceptación, nuestra familia por siempre será bendecida.

Loretta Hall

Cuentos de ajo

Cuando recuerdo a mi madre, la veo en la cocina fabricando algún potente remedio. No sabía leer ni escribir pero en su mente atesoraba miles de años de sabiduría popular campesina. Creía que *Mala-ha-muvis*, el ángel de la muerte, trataba siempre de atarcarnos con enfermedades infantiles. No podría vencer de ninguna manera a mi madre y sus pociones. El único problema para nosotros era que ¡todos sus remedios apestaban a ajo!

"Toma, haz gárgaras con esto y pásalo".

"Pero mamá—protestaba—es ajo con otras cosas. Tendré mal aliento".

"¿Y qué? Tienes la garganta irritada. Haz lo que te digo. Mala-ha-muvis tampoco resiste el olor".

Desde luego, al día siguiente, habían desaparecido los síntomas. Siempre era así. Compresas de ajo molido para la fiebre. Cataplasmas de ajo, clavos y pimienta para el resfriado o el dolor de muela. Mientras que algunas familias tenían el aroma de un delicioso jabón, nosotros olíamos siempre a estofado.

Con cada dosis de antibióticos hechos en casa, mamá susurraba cánticos secretos para alejar el mal de ojo, mientras escuchábamos los sonidos místicos e intentábamos adivinar qué significaban. Aun cuando todo esto pueda parecer excesivamente supersticioso, muchísimas familias de nuestro barrio eran así, si bien con un giro étnico diferente. Mi amigo Ricci tenía bolsas de té cargadas de "medicina" de hierbas italianas cosidas a sus camisas—¡qué olor! Y mi amigo griego, Steve, tenía bolsas de tabaco ocultas en todo el cuerpo. "Amuletos para la buena suerte", decía.

Mucho antes de los milagros de la medicina moderna, todos los miembros de nuestra diversa comunidad tenían sus propias curas. ¿Puede imaginar a treinta y cinco niños hacinados en un aula, con aquellos aromas curativos flotando en el aire? ¡Dios, qué olor! Ese olor desesperaba a nuestra profesora de quinto grado, la señorita Harrison. A menudo se le llenaban los ojos de lágrimas—por el olor o la frustración, nunca lo supe.

"Díganles a sus madres que dejen de frotarlos con ajo— gritaba, llevándose con delicadeza su pañuelo de encaje a la nariz—. No resisto ese olor, ¿comprenden lo que digo?"

Al parecer, la señorita Harrison no pertenecía a un grupo étnico que aprobara la medicina popular. Nosotros no olíamos nada que nos alterara.

Pero cuando llegó la epidemia de polio y mi madre enfrentó con energía a su enemigo Mala-ha-muvis, yo no resistía el olor de sus armas secretas. Cada uno de nosotros recibió tres bolsas de lino llenas de ajo, alcanfor y sabe Dios qué, para llevarlas atadas alrededor del cuello. Esta vez, la señorita Harrison propuso una tregua con sus olorosos alumnos y se limitó a abrir las ventanas un poco más. Y, desde luego, mamá hizo retroceder al intruso; ninguno de nosotros se contagió de la temible enfermedad.

Sólo una vez le falló a mamá su artillería. Mi hermano Harry se contagió de difteria y esta vez la cura de ajo no surtió efecto. Se vio obligada entonces a sacar otro truco de la manga. Harry se ahogaba cuando, de repente, mamá nos dijo que rezáramos en voz alta por la vida de *David*. "¿Quién es David, mamá?", preguntamos. "Ese es David, el que está en la cama". "No, mamá, ese es Harry". Pensamos que había perdido la cabeza. Nos asió y dijo en voz alta: "*Ese es David, ¿entienden?*" Luego, en un susurro, nos explicó: "Engañaremos al Mala-ha-muvis. Si cree que es David, dejará en paz a nuestro Harry. Hablen muy fuerte cuando yo se lo diga". Escuchamos intensamente mientras le hablaba al ángel de la muerte.

"Mala-ha-muvis, escúchame. Te has equivocado de niño. Es David quien está en la cama. No hay ningún Harry en esta casa. ¡Vete, deja en paz a David! ¡Has cometido un error!"

Luego nos indicó que debíamos intervenir y todos comenzamos a gritar en coro: "¡Mala-ha-muvis, es cierto, es cierto! No tenemos ningún hermano Harry. Este es nuestro hermano David. *¡Es David, Mala-ha-muvis!*"

Mientras rogábamos por la vida de nuestro hermano, mamá cantaba en una combinación de yiddish y de todas las otras lenguas que recordaba de su pasado. Una y otra vez, repetía sus cánticos. Durante toda la noche, nosotros, tres pequeñas almas atemorizadas, permanecimos despiertos, alegando el caso de falsa identidad ante el ángel de la muerte.

David sobrevivió. Es correcto—dije *David*. Desde aquel día, el nombre de Harry desapareció para siempre de nuestro pequeño universo. ¿Supersticiones? ¿Por qué arriesgarse?

Con el paso del tiempo todos crecimos, abandonamos nuestras viviendas y nos educamos. Mama dejó—en alguna medida—de practicar la medicina. Luego, cuando yo tenía cuarenta y siete años, sufrí un infarto. La enfermera tenía una mirada de alivio cuando la primera visita de mamá terminó y salió de la habitación del hospital. "¡Qué olor! ¿Es ajo?", preguntó la enfermera. Yo, desde luego, no olía nada. Pero cuando toqué debajo de la almohada, allí estaban: tres bolsas de lino en una cuerda, llenas de ajo, alcanfor y otras cosas.

Mike Lipstock

El Hada de los Dientes

Como padres, siempre deseamos infundir en nuestros hijos rasgos en su personalidad que contribuyan al éxito en su vida. Cuando nuestra hija Meegan, la mayor de cinco hijos, perdió su primer diente a la edad de seis años, encontramos la siguiente nota alrededor del diminuto diente:

Querida Ada de los Dientes: Por favor dejame tu barita májica. Puedo ayudar. Quiero ser un ada de los dientes tambien.

Cariñosamente, Meegan

Al reconocer en la pequeña una mentalidad emprendedora, que sería una preciosa oportunidad y también el momento justo para enseñarle una lección, el Hada de los Dientes le dejó a Meegan la siguiente nota:

Querida Meegan:

He trabajado muy duro para ser una buena Hada de los Dientes y adoro mi trabajo. En este momento, eres demasiado joven para este cargo, y por eso no puedo darte mi varita mágica. Sin embargo, hay algunas cosas que puedes hacer para prepararte para este trabajo:

1) Esfuérzate siempre en hacer bien tu trabajo.

2) Trata a todo el mundo como quieras que te traten a ti.

3) Sé bondadosa y ayuda a los demás.

4) Escucha con atención cuando te hablen.

Te entrevistaré un día cuando seas mayor y estés preparada para el cargo.

¡Buena suerte, Meegan!
El Hada de los Dientes

Meegan estaba fascinada con la respuesta del Hada de los Dientes. Tomó el mensaje muy en serio y siguió cuidadosamente las instrucciones, tratando siempre de mejorar a medida que crecía. Su carácter, su fortaleza y sus dotes de mando crecieron al tiempo con ella.

Después de graduarse *summa cum laude* de la universidad, Meegan aceptó un difícil cargo administrativo, en el que tuvo un desempeño excelente. A los veintisiete años, era la gerente principal de la compañía.

Un día, Meegan y yo conversábamos acerca de su éxito. Me contó que el presidente de la compañía le preguntó alguna vez qué personas habían influido en su camino al éxito, a lo cual ella contestó: "Mis padres, mi maestra y mis amigos. ¡Ah, y desde luego, el Hada de los Dientes!"

Suzanne Moustakas

Salvado por el cinturón

Como madre, he sido bendecida. Tengo un hijo agradable, inteligente y bien parecido, que ha sido motivo de orgullo para mí durante estos años. Cuando faltaban pocos meses para que Alan cumpliera dieciséis años, hubo una conferencia en el colegio acerca del cinturón de seguridad. Una de las presentadoras, Kathy Hezlep, había perdido a su hijo en un terrible accidente automovilístico el año anterior. Cuando se le pidió que les hablara a los jóvenes, mostró inicialmente cierta reticencia. La muerte de su hijo había sido algo muy duro. A menudo se sentía impotente y desanimada, y no creía que causara algún efecto el que le hablara a ese grupo.

Sin embargo, la directiva del colegio la persuadió de que hablara con los estudiantes. Kathy contó lo difícil que había sido su vida desde la pérdida de su hijo. Algunos días, tenía que hacer un esfuerzo para levantarse de la cama. Sus palabras salieron del alma y quedaron plasmadas en el corazón de Alan. Habló desde su corazón y mi hijo recibió estas palabras en su corazón. Recuerdo que mi hijo regresó del colegio aquel día y conversamos acerca del accidente. Pensamos que era interesante el que ella fuera una madre soltera (como yo) y que su hijo, Ryan, fuese su único hijo (al igual que Alan). Pues bien, finalmente el gran día llegó. El estado de la Florida, con su infinita sabiduría, inequívocamente le había concedido a mi "niño" una licencia para conducir un arma mortal en potencia. El Estado de la Florida le concedió a mi "niño" una licencia para conducir. En aquel momento, pensé que el sentimiento más horrible que podía experimentar era ver cómo mi único hijo partía *solo* en mi auto. Estaba equivocada.

Alan había tenido su licencia exactamente durante una semana, cuando llegó aquella llamada que representa la peor pesadilla para cualquier padre. La policía me dijo que mi hijo había perdido el control del auto cuando iba conduciendo por la curva de una carretera y que por no tener experiencia, no supo cómo maniobrar el vehículo al dar la vuelta. Consiguió eludir un lago y una señal de tránsito que se encontraban en su camino, pero se estrelló de frente contra un poste de la luz. Gracias a Dios no conducía más rápido, porque si hubiera golpeado el poste con más fuerza, él y los dos pasajeros se habrían electrocutado.

Cuando me condujeron al lugar del accidente y vi el auto, me sentí desfallecer. No podía creer que tres chicos hubieran podido salir con vida de allí. Pensé, *Mi hijo debe tener un ángel de la guarda.* Estaba en lo cierto.

Cuando llegué al hospital, hablé con Alan acerca del accidente. Me dijo que ninguno llevaba puesto el cinturón de seguridad cuando pusieron en marcha el vehículo, pero que las palabras de Kathy Hezlep acerca de su pérdida, tan sinceras y elocuentes, lo habían impresionado de tal manera que insistió en que todos se colocaran el cinturón de seguridad antes de arrancar. Fue esto lo que salvó sus vidas.

Mi familia es realmente afortunada. Todavía tenemos lo que consideramos más precioso: estamos juntos. Siento una admiración infinita, respeto y amor por Kathy Hezlep. Es una persona corriente, una madre que, a pesar de su pérdida inmensurable, tuvo el valor de hablar y de dejar una huella que salvó tres vidas. Para mí, Kathy es una superestrella.

Randee Goldsmith

Nuestra primera fiesta de fracasos

*El fracaso es demora pero no derrota.
Es un desvío transitorio, no un callejón sin
salida.*

William Arthur Ward

Cuando necesito ayuda para ser una buena madre, recuerdo a mi mamá y a mi abuela, mujeres que sembraron semillas de sabiduría en mi alma, como un jardín secreto, para que florecieran incluso en el más crudo invierno.

Un día especialmente difícil, llegué a casa para encontrar un segundo aviso "no tan amable" en la cuenta del gas, y a mis tres hijos desolados.

Tommy, de once años, sufría por su corte de cabello. "Mi profesor se llevó mi gorra porque dice que los caballeros no usan sombreros dentro de los edificios". Había soportado comentarios como "calvito" y "cabeza rapada" todo el día, me dijo, mientras ocultaba su cabeza entre las manos.

Lisa había llegado a las finales del concurso de ortografía de su curso, pero había perdido por la palabra *temeroso.* No se me escapó la ironía.

Jenni, que estaba en primer grado, había sido castigada por su risa nerviosa cuando tuvo que leer, y luego se habían burlado de ella por tartamudear en una frase. "Bueno, chicos, lo que tenemos aquí es una serie de fracasos. ¡Celebremos!" La sorpresa los sacó de su melancolía y me observaban atónitos. Continué hablándoles: "Mi abuela Towse solía decir, 'Aprendemos más de nuestras fallas que de nuestros éxitos. Cuanto más curtida una persona por sus problemas, más lejos llegará'. Vamos a comer pizza para celebrar nuestra primera fiesta de fracasos".

Esto condujo a muchas fiestas de fracasos, y aprendimos a buscar en nuestras tragedias algo que pudiéramos celebrar, en lugar de padecer por lo que habíamos sufrido. Espero haber sembrado semillas en el alma de mis hijos, recogidas de la sabiduría de las mujeres que me antecedieron, para que las rieguen en sus propios jardines algún día.

Judith Towse-Roberts

El visitante de medianoche

Crecí en una aldea rural en la época en la que el teléfono era un milagro y los automóviles no eran prácticos y no podían transitar por las carreteras enlodadas del campo. Era la época antes de que la Depresión se convirtiera en una realidad, cuando apenas había suficiente para todos y cuando sólo se podía contar con la buena voluntad de los vecinos. Recuerdo una noche aciaga:

La tormenta de comienzos de octubre y la oscurecida noche se agolpaban contra la ventana; el viento y la lluvia se mezclaban en ruidosa turbulencia. Los truenos llenaban nuestra pequeña cabaña en la mitad de Arkansas, en lo profundo del campo. En su interior, la tormenta parecía incluso mitigar la luz de la lámpara de queroseno que se encontraba sobre la mesa de la sala.

Siendo una niña inquieta de nueve años, estaba segura de que la casa saldría volando en cualquier momento. Papá había viajado hacia el norte en busca de trabajo, y yo me sentía más vulnerable de lo que admitía. Mamá, en cambio, permanecía tranquila y en paz, remendando su ropa "para que sirviera otro invierno".

"Mamá, necesitas ropa nueva", dije, tratando de

entablar una conversación. En noches como ésta, necesitaba el alivio que nos brinda el sonido apacible de la voz humana.

Me abrazó. "Tú necesitas ropa mejor, porque vas a la escuela".

"Pero ni siquiera tienes un sobretodo para el invierno".

"Dios prometió suplir nuestras necesidades, y cumplirá su promesa, no cuando se lo exijamos, sino cuando lo considere conveniente. Todo estará bien".

Envidiaba su fe obstinada, que se adaptaba a cualquier circunstancia, especialmente en noches como esta.

Una ráfaga de viento bajó por la chimenea y esparció los carbones en el fogón. "¿Podemos poner cerrojo a las puertas esta noche?", le pregunté.

Mamá sonrió, mientras tomaba la pequeña pala y regaba cenizas sobre los carbones encendidos. "Edith, no podemos encerrarnos para que no entre la tormenta. Y sabes que no ponemos cerrojo en las puertas—tampoco lo hacen los vecinos—, especialmente en noches como esta, cuando alguien puede necesitar protegerse de la tormenta".

Tomó la lámpara de la mesa y se dirigió a su habitación. Yo la seguí inmediatamente.

Me arropó en la cama, pero antes de que pudiera quitarse su bata acolchada, el ruido de la puerta de entrada que se abría estrepitosamente con una ráfaga de viento trajo el clamor de la lluvia y de objetos que volaban por el salón. Súbitamente, la puerta se cerró de un golpe.

No todo ese ruido era viento y trueno. Mamá tomó la lámpara y se dispuso a regresar a la sala. Yo temía ir con ella, pero temía más no hacerlo.

En un comienzo, lo único que pudimos ver fue el contenido del canasto de costura esparcido por el suelo. Luego nuestros ojos siguieron las huellas de unas botas enlodadas sobre el piso de pino, desde la puerta hasta la silla que se encontraba frente a la chimenea.

Un hombre empapado, desgreñado, pequeño y grueso, que llevaba un traje oscuro y cubierto de barro, se había instalado en la silla. Su aliento apestaba. Su mano izquierda sostenía todavía débilmente una lata retorcida.

"¡Mamá, es el señor Hall!"

Mamá se limitó a asentir mientras recogía con la pala los carbones sepultados en la chimenea, limpiaba las cenizas sueltas, llevaba los carbones al horno de leña de la cocina y los cubría con nuestra rica provisión de pino de la mañana. Me ordenó: "Yo haré el café. Tú aviva el fuego para que nuestro invitado se caliente y se seque".

"Pero mamá, ¡está ebrio!"

"Sí, tan ebrio que entró en nuestra casa, creyendo probablemente que era la suya".

"Pero la suya está un cuarto de milla más abajo".

"Jovencita, el señor Hall no es un borrachín. No sé qué le habrá ocurrido hoy, pero es una persona muy decente".

Sabía que el señor Hall se encontraba con alguien en la carretera todos los lunes en la mañana, y luego se dirigía a su pequeña sastrería en Little Rock, donde trabajaba largas horas toda la semana. Todos los sábados en la tarde regresaba cojeando a casa, apoyado en su bastón.

Como si hubiera escuchado mis pensamientos, mamá susurró: "Debe sentirse muy solo a veces".

Mientras permanecía en el umbral de la puerta de la cocina, se me ocurrió decirle a mamá qué pensaría la gente del señor Hall si lo vieran así, embriagado.

"*La gente* nunca debe saberlo. ¿Me entiendes?"

"Sí, mamá".

Mientras rugía la tormenta, mamá le trajo al señor Hall un tazón de café negro, hirviendo. Sostuvo su cabeza y lo persuadió de que bebiera el café, sorbo a sorbo. El tazón estaba casi vacío cuando abrió los ojos lo suficiente para reconocernos.

"Señora Un'wood . . ."

"Sí, señor Hall. Pronto se sentirá bien".

Cuando mamá llevó el tazón a la cocina, el señor Hall consiguió apoyarse en su bastón, dejar el cobertor a medio doblar sobre la silla y salir a la tormenta que amainaba. Lo vimos caminar con poco aplomo hacia la puerta; algunos de los rayos restantes iluminaban su camino.

"Creo que ahora nuestro invitado puede valerse por sí mismo".

"Mamá, ¿por qué le dices nuestro invitado?—pregunté—. Es sólo nuestro vecino. No lo invitamos".

"Un invitado es cualquier persona que entra en nuestra casa en paz. En cuanto a ser nuestro vecino, ¿recuerdas quién es el prójimo en el relato del Buen Samaritano?"

"El hombre que ayudó al forastero".

"Ves, al ser nuestro invitado, aun cuando sin intención, se nos dio la oportunidad de ser el prójimo del señor Hall".

Pocas semanas después, cuando regresamos de la iglesia, hallamos una bolsa de papel sobre la mesa, rotulada "Señora Underwood".

"Probablemente es aquel patrón para el vestido que la señora Chiles prometió prestarme. Tiene una hija de tu tamaño. Ábrelo si quieres", dijo mamá, mientras se dirigía a su habitación a cambiarse de ropa.

Abrí la bolsa. "¡Oh, no, mamá!—exclamé—. ¡Es un sobretodo para ti, y es muy bello!"

Mamá regresó a mirar la prenda que yo sostenía en las manos. Casi tentativamente, se volvió e introdujo el brazo derecho, y luego el izquierdo, en las mangas. En aquel momento, yo no sabía que estaba aprendiendo el verdadero sentido de la vecindad. Lo único que sabía era que cuando mamá se probó aquel sobretodo de invierno, le quedó perfectamente.

Edith Dean

3

EL CORAJE DE UNA MADRE

En la yema del invierno, finalmente comprendí que había en mí un verano invencible.

Albert Camus

Mi hijo, Ryan

Como madre, mi labor es ocuparme de lo posible y confiar a Dios lo imposible.

Ruth Bell Graham

Han pasado siete años desde que murió mi hijo, Ryan White. Ryan sufría de hemofilia, y se contagió de sida por un producto que deben tomar los hemofílicos para ayudar a la coagulación de la sangre. Esto sucedió antes de que se conociera mucho acerca de esta enfermedad la cual le fue diagnosticada cuando apenas tenia trece años de edad. Los médicos nos dijeron que tendría suerte si llegaba a vivir seis meses más.

Ryan vivió seis años más y fue "el chico que le dio un rostro al sida y contribuyó a educar a la nación". Esto fue lo que dijo el presidente Clinton acerca de Ryan el día en que firmó la renovación de la autorización del Decreto Ryan White CARE. El decreto contempla la prestación de servicios médicos y sociales, la distribución de medicamentos, cuidado en casa y atención ambulatoria para cientos de miles de personas en los Estados Unidos que padecen esta enfermedad. Sé que Ryan se sentiría feliz al saber que su vida, como su muerte, han ayudado a tantas personas.

En un comienzo, cuando descubrimos que Ryan tenía una enfermedad terminal me sentía completamente desolada. Era una madre soltera con dos hijos que significaban todo para mí, y mi hijo, mi primogénito, iba a morir. Creía que no podría continuar. Luego, además de esta pesadilla, nos vimos obligados a soportar la ignorancia, el temor y el rechazo que rodeaba el sida en aquel momento. Ryan deseaba continuar sus estudios, pero el colegio no lo permitió. Los padres temían que sus hijos pudieran contagiarse por encontrarse en el mismo salón con Ryan. Luchamos contra esa decisión y ganamos, pero la hostilidad de la comunidad y la presión fueron más de lo que pudimos soportar. Decidimos mudarnos a otro pueblo.

En el nuevo colegio de Ryan todo era completamente diferente. Los estudiantes se esforzaron por acogerlo: organizaron clases de educación sobre el sida y consejerías para superar cualquier temor que aún tuviera algún estudiante. Educar al público acerca de esta enfermedad se convirtió en la vida de Ryan, en su carrera. Ryan llegó a ser el portavoz internacional del sida y apareció en la televisión, en revistas y diarios de todo el mundo, lo cual contribuyó a dar sentido a lo que le había sucedido a nuestra familia y a mitigar nuestro dolor.

Aprendimos a vivir con el sida. La pesadilla de la enfermedad radica en que el paciente sufre una terrible infección tras otra. Cada vez que tenía tos o fiebre, imaginaba que iba a ser la última que tendría que soportar. Con el sida, nunca se sabe si un síntoma es grave o leve. El paciente enferma y luego se recupera, pero en cuanto se recupera, vuelve a caer preso otra vez de algún otro mal.

Ryan estaba casi siempre de buen humor, incluso cuando tenía que hospitalizarse. Pero en algunas ocasiones, cuando había algo que no podía hacer—ir a un concierto en especial, o conocer personas interesantes, o viajar a algún lugar que le llamara la atención porque estaba demasiado enfermo u ocupado con sus deberes escolares—se enojaba y refunfuñaba un poco. Entonces yo lo reñía, y él se arrepentía y se disculpaba de inmediato; a veces me escribía una nota o me enviaba una tarjeta. Una persona enferma tendría que ser santa para no estar nunca malhumorada. Y si uno es la persona que lo cuida, nunca debe tomar un ataque de ira como algo personal, porque en realidad es la enfermedad que se esparce o el medicamento el que habla, y no el corazón leal y amoroso que hay dentro.

Un día Ryan tomó mi mano y comenzó a mecerla.

"Bueno, Ryan, cuando haces algo tan agradable como esto, es que quieres alguna cosa".

"No quiero nada. ¿No puede un hijo sostener la mano de su madre?"

"¡Vamos! Ryan . . ."

"No, en serio, mamá. Quiero agradecer todo lo que haces por mí, por apoyarme como lo has hecho".

Nadie puede arrancar de mí esas palabras. Nadie puede arrancar de mí lo que sentí aquel día como madre.

Recuerdo que una vez alguien me preguntó cómo podía vivir, día tras día, sabiendo que mi hijo iba a morir. Respondí: "No pensamos en la muerte. No tenemos tiempo para ella. Si la dejas entrar en tu vida, te devorará. Debes seguir con tu vida, y aprovechar al máximo cada día, cada hora".

Finalmente, llegó el momento en que el organismo de Ryan ya no respondía. Cuando Ryan estaba muriendo, el personal del hospital debió pensar que estábamos locos. Allí estaba aquel chico en coma, conectado a todos los aparatos para mantenerlo con vida, con su madre medio loca hablándole mientras dormía. Probablemente no podía escuchar nada, pero le llevamos música. No veía nada, pero colgamos afiches decorativos y banderolas en las paredes, sobre las pantallas y los monitores. No deseábamos abandonar a Ryan.

No obstante, mientras permanecía allí contemplando el pequeño cuerpo delgado de Ryan, sabía que no había nada más que nadie pudiera hacer. Antes de perder el conocimiento, Ryan me había dicho que si yo creía que existía alguna oportunidad, no la desaprovechara. Así fue. Hasta el último momento, hicimos todo lo que pudimos. Me incliné a su lado y susurré: "Está bien, hijo, ya te puedes ir".

Entonces murió. Trataron de revivirlo, pero yo sabía que no había posibilidades. Aun así, tener que declarar la batalla perdida . . . fue un momento de inexpresable dolor para mí y para mi familia.

"Si lo deseas, puedes decirles que no lo intenten más", me dijo un amigo cercano. "Depende de ti, Jeanne".

Hablé con mis padres y con la hermana de Ryan, Andrea. Luego les dije a los médicos, "No más".

El doctor Marty Kleiman, quien había cuidado de Ryan desde el comienzo, quien le había ayudado a vivir casi seis años cuando los otros médicos diagnosticaban que moriría en seis meses, salió y anunció que mi hijo había fallecido, sin dolor, mientras dormía.

La chispa se apagó.

Ahora, siete años más tarde, mi estado de ánimo ha mejorado, es como un nuevo amanecer, en el que anhelo disfrutar cada momento del día. Además, me encanta la vida de casada. Mi actual esposo, Roy, me ha devuelto las ganas de vivir. Mi hija, Andrea, se ha convertido en una persona fuerte, inteligente, bella. Me ilusiona pensar en todo lo que la vida habrá de deparaarnos: aventuras, viajes, nietos.

Más allá del infinito, justo detrás de una nube, creo vislumbrar el fin de esta plaga que es el sida. Día a día, muchas personas que sentían que sus vidas muy pronto acabaría, ahora rebosan de buena salud. La cura está cerca, casi a nuestro alcance. Pienso que sucederá antes del fin de mis días ¿Qué mejor regalo podría esperar que vivir con esta esperanza tan maravillosa?

El jardín ha sido mi terapia. Aquí, entre flores y tiernos frutos, cuando todo luce radiante y fresco y las hojas se engalanan de rocío, trabajo en la naturaleza y renuevo mi espíritu. Me parece que cada mala hierba que arranco es un poco de pena que hago a un lado, una lágrima que he desterrado para que la alegría florezca de nuevo.

Veo en las flores el rostro de todos los amigos que he perdido: veo el rostro de mi hijo. Son bellas en la mañana que despunta, abriéndose como sonrisas y brillando de esperanza.

Gracias, Señor, por un nuevo día.

Jeanne White

¿Estás bien, mamá?

Me encontraba sumida en mis pensamientos, trabajando en un informe importante, cuando escuché el teléfono. *¿Por qué ahora?*, pensé con frustración, mientras la niñera me decía que mi hijo de dos años no se sentía bien. "Jordan no se porta como de costumbre—dijo—. No tiene fiebre, pero está aletargado".

Durante el largo viaje de regreso a casa, me tranquilicé y mis pensamientos se centraron en Jordan. Recordé la sorpresa que tuve al saber que estaba embarazada. Cuando crecí, estaba convencida de que nunca desearía tener hijos. Y en aquella época tampoco enamorarme de un padre soltero con dos hijas.

Después de cinco años de matrimonio, disfruto cada vez más ser una madrastra. Era un papel que me iba bien, gracias a mis nuevas hijas. Pero recuerdo que estaba preocupada acerca de cómo reaccionarían ante la noticia del nuevo bebé, pues finalmente se sentían seguras. Al recordar su respuesta, reí. Las niñas me habían llevado al baño, lejos de su padre, para manifestar su única preocupación: "¿Eso significa que tú y papá tuvieron relaciones sexuales?"

Siete meses más tarde, después de veintidós horas de

trabajo de parto, finalmente pudimos ver a Jordan por primera vez. Con un apellido como Pérez, no esperábamos a un pequeño de cabellos rojos, pero eso fue lo que obtuvimos. Un niño precioso, sano, de ojos tan oscuros que parecían negros.

"Es parte de todos nosotros", dijo Val, nuestra hija mayor, mientras contemplaba amorosamente a su nuevo hermanito. "Nos une a todos".

Mi ensoñación se interrumpió cuando llegué a mi casa y entré corriendo. Jordan estaba dormido, pero su respiración era agitada y estaba húmedo por la transpiración. Lo alcé, lo coloqué en el asiento del auto y me dirigí al médico.

Mientras conducía, dividía mi tiempo entre mirar el camino y mirar a Jordan. La niñera estaba en lo cierto, no actuaba como solía hacerlo. Había despertado y me miraba con ojos tristes y cansados.

Varias calles antes de llegar al consultorio del médico, me volví para mirarlo de nuevo. Vi que sus labios comenzaban a temblar, cada vez más rápido. Poco después me atemoricé al ver espuma en su boca. Todo su cuerpo temblaba incontrolablemente y sus ojos se volvieron hacia atrás. Luego, tan rápidamente como había comenzado, el ataque terminó y Jordan se desplomó en la silla.

En pánico, pasé dos semáforos en rojo y entré a toda velocidad en el estacionamiento. Cuando lo saqué del auto, Jordan estaba desmayado con la mireda inerte y no respiraba.

"¡Está muy mal!", exclamé corriendo hacia el edificio. El médico, alertado por mis gritos, me recibió en la sala de espera y tomó a Jordan de mis brazos. Le tocó el cuello para encontrar el pulso y pidió a la enfermera que llamara a los paramédicos mientras iniciaba los procedimientos de reanimación. Otra enfermera me detenía en el pasillo, mientras escuchaba impotente cómo trataban de revivir a mi hijo.

"Vamos, bebé—rogaba alguien—. Regresa".

"No puedo coger línea", decía otro con desesperación. No podía creer lo que estaba sucediendo. Estaba tan confundida y aterrada de perder a mi hijo. Deseaba estar con Jordan. Deseaba tomar su mano, besarlo y decirle que todo estaría bien. Me sentía tan atemorizada, tan descontrolada.

Para cuando llegaron los paramédicos, Jordan aún no respiraba. Trataron de estabilizarlo durante algunos minutos y luego lo llevaron apresuradamente en una camilla.

"Lo tenemos conectado a un respirador artificial", explicó un paramédico, mientras me conducía a la ambulancia. "Su hijo no puede respirar por sí mismo, así que lo haremos por él".

Mi esposo se reunió conmigo en una sala de espera privada del hospital. Cuando se puso de rodillas y sollozó en mi regazo, me di cuenta de que nunca antes lo había visto llorar. Una enfermera entró y amablemente nos preguntó si deseábamos llamar a nuestro pastor. "¡No!—exclamó angustiado mi esposo—¡Se pondrá bien!"

Finalmente, una hora después se nos permitió ver a Jordan. Mi indomable niño se veía tan pequeño y frágil, conectado a miles de tubos y temblando todavía. El ataque había comenzado de nuevo, en cuanto lo revivieron.

El médico de urgencias estaba evidentemente frustrado. "Lo único que puedo decirles es que Jordan está muy enfermo. Le hemos dado la dosis más alta de fenobarbital, pero todavía convulsiona".

Pasó otra hora eterna. Jordan se estabilizó y fue trasladado a un hospital pediátrico. Todavía estaba conectado al respirador artificial, pero las convulsiones habían cesado.

Los exámenes no mostraban nada anormal. La médula espinal era normal. No había aún una explicación para el grave ataque que Jordan había sufrido y nada que nos pudiera decir si la falta de oxígeno le había causado un daño cerebral.

A mi esposo y a mí se nos permitió permanecer con él en la unidad de cuidados intensivos. Yo sostenía la mano de Jordan, lo besaba y le decía que todo estaría bien. Más tarde, mientras nuestro pastor y los miembros de la familia rezaban en la sala de espera, Jordan tosió y arrojó el tubo de oxígeno y respiró solo por primera vez desde que comenzó el ataque.

A la mañana siguiente, cuando por fin abrió los ojos, mi esposo y yo no sabíamos qué esperar. El daño cerebral era una posibilidad, pero estábamos convencidos de que podríamos soportar cualquier cosa. Lo único que no podíamos resistir era perderlo.

Todavía bajo los efectos de los medicamentos, Jordan intentó enfocar la mirada. Yo sabía que si nos reconocía, todo estaría bien. Lentamente, nos miró a mi esposo y a mí. Cuando nos tendió los brazos y susurró débilmente, "Mamita. Papi", rompí a llorar.

Al ver mis lágrimas, Jordan, soñoliento, preguntó: "¿Estás bien, mamá?"

Me abrumó su preocupación. Después de pasar la mayor parte de las últimas veinticuatro horas luchando por su vida, mi precioso bebé de dos años estaba preocupado por mí.

"Oh sí, cariño—respondí, mientras acariciaba dulcemente su mejilla—. Estoy muy, muy bien".

Han transcurrido seis meses desde entonces, y Jordan se ha recuperado por completo. Ya no duermo en el piso de su habitación y no siento la necesidad de vigilar todos sus movimientos. Nunca supimos qué le causó ese ataque. Pudo ser una infección viral, o quizás un cambio súbito de temperatura en el organismo. Por esta incertidumbre, Jordan debe tomar medicamentos anticonvulsivos por lo menos durante dos años.

Anoche miraba a Jordan jugar fútbol con sus hermanas y su padre en el jardín, y pensé, como suelo hacerlo, qué cerca estuvimos de perderlo. El balón rebotó hasta el lugar donde yo me encontraba, y Jordan corrió tras él. Cuando le entregué el balón, advirtió las lágrimas en mis ojos. Puso su diminuta mano sobre mi rodilla y preguntó: "¿Estás bien, mamá?"

"Oh sí, cariño—respondí sonriendo y abrazándolo fuerte—. Estoy muy, muy bien".

Christine Pérez

Moviendo montañas

Había dos tribus guerreras en los Andes, una que vivía en el valle y otra en lo más alto de las montañas. Un día los habitantes de las montañas invadieron las tierras del valle y, como parte del saqueo, raptaron a un bebé de una de las familias del valle.

Los habitantes del valle no sabían cómo subir a la cima de la montaña. No conocían los senderos que utilizaban los habitantes de ese lugar, ni sabían dónde encontrarlos o cómo perseguirlos en el escarpado terreno.

Aun así, enviaron a sus mejores guerreros a escalar la montaña y traer al bebé de regreso.

Los hombres ensayaron un método de escalar y luego otro. Probaron una trocha y luego otra. Sin embargo, después de varios días de esfuerzos sólo habían conseguido avanzar unos pocos metros.

Desesperanzados e impotentes, los hombres del valle decidieron que su causa estaba perdida y se prepararon para regresar a su aldea.

Mientras empacaban sus equipos para descender, vieron a la madre del bebé que bajaba de la montaña y llevaba a su bebé a la espalda. *¿Cómo era posible?*

Uno de los hombres la saludó y le dijo: " ¿Cómo pudiste escalar esta montaña si nosotros, los hombres más fuertes y capaces de la aldea, no lo conseguimos?"

Se encogió de hombros y respondió: "Es que el bebé no era tuyo".

Jim Stovall
Bits & Pieces

Corazones a través del mundo

Con gran estruendo bajo el sol ardiente de la India, nuestro tren se aproximaba a la ciudad de Nagpur, ubicada en el sur. A mi lado, aquel Día de Acción de Gracias, se encontraban mi esposo y nuestros dos hijos adoptivos hindúes. Viajábamos a Nagpur a conocer a la pequeña niña hindú que adoptaríamos para completar nuestra familia. Lamentablemente, debido a que los procesos de adopción extranjeros tardan mucho tiempo, no podríamos llevar a nuestra hija de regreso con nosotros a los Estados Unidos de inmediato pero al menos podíamos visitarla durante algunas horas.

Tres años antes, yo había viajado a la India desde nuestro hogar en Maryland y establecido una segunda residencia en Hyderabad, cerca del orfanato donde adoptaría a mis hijos. Ahora residía de nuevo en Hyderabad, y mi esposo había venido a visitarnos unos días desde Maryland, en donde trabajaba para proveer los recuersos que necesitábamos para adoptar a esta niña. La duración de mi estadía estaría determinada por el tribunal de adopciones de la India, un sistema lento sobre el cual no teníamos ningún control. Pero al menos, durante unas pocas horas podríamos ser una familia.

Poco después del almuerzo, un carruaje tirado por un hombre nos condujo el último trayecto hasta el colmado orfanato, donde nos recibieron cientos de rostros ávidos, todos con la esperanza de pertenecer a nuestra familia. Era desolador. Sin embargo, las personas que cuidaban de los niños parecían preocuparse auténticamente por ellos, y las condiciones en que vivían, aunque humildes, eran adecuadas. Aguardamos impacientes hasta que una niña pequeña y delicada entró en la habitación. De inmediato reconocí a la hija por la que mi corazón había rezado diariamente durante casi un año: Ghita, nuestra hija. Nos abrazamos y besamos felices, y desde aquel momento creamos un vínculo para toda la vida.

Ghita no sabía una palabra de inglés, pero eso no importaba. Era nuestra hija y, finalmente, se completaría la familia. Compartimos un helado, miramos unos libros de ilustraciones y luego nos separamos con sonrisas y lágrimas en los ojos, sabiendo que un mes más tarde estaríamos juntos para siempre.

Mi esposo regresó a su trabajo en los Estados Unidos, y yo me instalé con mis hijos en Hyderabad, a casi 480 kilómetros del orfanato de Nagpur, a esperar ansiosamente la notificación de que los documentos de Ghita habían sido aprobados. A menudo permanecía despierta en la noche e imaginaba que la sostenía en mis brazos y la protegía dulcemente en medio de aquel orfanato. Era una niña tan frágil, tan confiada.

Por fin llegó la noticia de que podía dirigirme de inmediato a Nagpur para asumir la custodia de mi hija. Sin perder un minuto, me dispuse a viajar en avión para no dejar a mis hijos solos en la noche. Entonces sucedió algo inesperado: el templo hindú de Ayodhya en el norte fue bombardeado por los musulmanes. Aun cuando nos encontrábamos a miles de kilómetros de distancia, Hyderabad era una ciudad predominentemente musulmanas. Todos los vuelos fueron cancelados por temor a un acto terrorista, y en la ciudad se declaró el toque de queda. Impávida, decidí viajar a Nagpur en tren e hice arreglos para dejar a mis hijos en casa de unos amigos. Pero nuestro conductor, un devoto musulmán, me aconsejó que no lo hiciera. "Señora, ¡no regresaría con vida!" Me explicó que una norteamericana que viajara sola sería un blanco perfecto para un acto aislado de violencia. Mis amigos hindúes me aconsejaron lo mismo y me rogaron que desistiera.

Entonces se me ocurrió viajar en auto hasta Nagpur. Después de todo, pensé, mi conductor era musulmán y sabía que podía confiar en él. Incluso nos había ayudado a conseguir comida durante el toque de queda, para que yo pudiera permanecer en casa con los niños. Pero de nuevo me desanimó: "Señora, soy sólo un hombre. ¿Qué puedo hacer contra una pandilla de bandidos? Permanezca a salvo, ¡quédese en casa!" Tuve que recordar mis responsabilidades para con los niños que ya tenía, así que, con tristeza, acepté la realidad; no había nada que hacer sino esperar.

Los días se convirtieron en semanas y las semanas en meses. Rezaba todos los días por mi hija en el orfanato. *¿Qué pensaría? ¿Sabría por qué no había viajado a buscarla?* Mis hijos estaban cada vez más inquietos y difíciles de manejar. Necesitaba apoyo desesperadamente, pero mi esposo y mis amigos se encontraban a 16.000 kilómetros de distancia. Cuando los retos que enfrentaba se tornaron más graves, comprendí que debía encararlos sola, con mi propia fuerza interior. Procuré tranquilizarme y le pedí a Dios que me diera fuerzas para superar ese momento.

Lentamente, la tensión entre los hindúes y los musulmanes cedió, se levantó el toque de queda y la vida en la ciudad regresó a la normalidad. Habían transcurrido cuatro meses desde aquel soleado día en que habíamos conocido a Ghita. Mi esposo viajó de nuevo a la India y sentí que había superado una difícil prueba. Ahora podía respirar profundamente y sentir alguna alegría en mi corazón—y allí en mi corazón estaba Ghita.

Luego el milagro ocurrió: ¡los vuelos a Nagpur se reanudaron! Actuamos rápidamente y a las pocas horas teníamos los boletos para el vuelo del día siguiente.

El carruaje tirado por el hombre parecía avanzar en cámara lenta. Apenas podía contenerme. Finalmente llegó el momento que tanto habíamos esperado. Entre la anhelante multitud vi sólo el rostro resplandeciente de una niña que corrió hacia mí y dijo, "¡Mamita!" Era su primera palabra, pronunciada con ojos tan grandes como el universo y con tanto amor como para toda una vida.

Amsheva Miller

La lucha de una madre
por un niño especial

Ningún lenguaje puede expresar el poder, la belleza y el heroísmo del amor de una madre.

Edwin H. Chapin

Frank y Lee se casaron en 1948 después de servir en la Iglesia Católica, él como seminarista y ella como monja. Cuando iniciaron una familia, Lee decidió que deseaba tener seis hijos. El primero nació en 1951, y los cinco restantes llegaron durante los once años siguientes. Cuando nació su quinto hijo, Tom, Lee no estaba segura de desear otro bebé.

A los seis meses, Tom aún no podía ser alimentado con una cuchara ni sostenía la cabeza erguida. Lee pensaba que, en general, su desarrollo era lento. Consultó a un pediatra, quien le dijo que se estaba preocupando sin motivo. "Muchos bebés tardan en adaptarse a ser alimentados con cuchara. Eso es normal", le dijo.

"Creo que sé lo que es normal y lo que no lo es—le

respondió serenamente—. He tenido cuatro hijos antes y sé que algo está mal".

Consultó entonces a otro médico, quien le dijo que esperara un año para ver si se desarrollaba normalmente. Lee esperó, y observó. Durante aquel año, Tom consiguió, en efecto, mantener la cabeza erguida, pero empeoró en muchos aspectos. A menudo se negaba a comer. O comía sólo calabaza, hasta que su piel adquiría un tono anaranjado. Pero lo más preocupante eran sus estallidos violentos. Atacaba a sus hermanos cuando estaban mirando televisión, o golpeaba a Lee desde el asiento de atrás cuando ella conducía el auto. Lee sabía que las pataletas eran algo normal en los niños pequeños, pero la intensidad de las de Tom la inquietaba.

Cuando Tom tenía un año y medio, Lee consultó de nuevo a los médicos y especialistas. Esta vez nadie le dijo que Tom era normal. Uno de los médicos le diagnosticó fenilcetonuria, una enfermedad del metabolismo que puede ocasionar retardo. Otro dijo que se trataba de un daño cerebral producido en el momento del parto por falta de oxígeno. Después de un año de consultar médico tras médico, le dijeron que Tom nunca podría llevar una vida normal y que debería ser internado en una institución especializada.

Lee estaba aterrada. ¿Cómo podía internar a su hijo, de sólo tres años, en una institución, donde las posibilidades de crecer sano podrían ponerse en peligro para siempre? Cuando Lee y Frank visitaron las instituciones sugeridas por los médicos, todos los niños que vieron en ellas tenían graves incapacidades mentales y muchos de ellos no podían comunicarse. Tom tenía problemas, pensó Lee, pero ese no era el lugar para él.

Luego una enfermera le habló a Lee de un hospital en Ann Arbor donde podrían ayudar a Tom. Los médicos y psiquiatras de allí concluyeron que estaba incapacitado mentalmente y que nunca podría terminar la secundaria. Una de las trabajadoras sociales del hospital sugirió que Frank y Lee tendrían problemas para criar un niño con capacidades tan limitadas puesto que los dos habían terminado la universidad.

"Nunca será más que un obrero", dijo.

"¿Y?", replicó Lee. "Déjeme decirle algo. No me importa cómo se gane la vida. Amo a todos mis hijos. No los amo por su inteligencia. No amaré menos a Tom si no es un genio".

Pero Tom superó las expectativas de los médicos. Con reticencia, los médicos estuvieron de acuerdo en que Tom ingresara en un colegio normal. Aun cuando atravesó períodos difíciles, no sólo se graduó de la secundaria sino que completó dos años y medio de universidad. Con el transcurso del tiempo, descubrieron que su incapacidad mental tenía una base emocional y recibió el tratamiento apropiado.

Me alegro de que Lee no haya renunciado a luchar por ese niño, porque ese niño que tuvo dificultades para comenzar en la vida era yo. Hoy en día tomo medicamentos para controlar mis altibajos emocionales. Cuando miro retrospectivamente mis primeros años, agradezco a Dios el haber tenido una madre tan obstinada que no escuchó las predicciones pesimistas de los médicos acerca de mi aciago futuro. El amor que tenía mi madre era tan grande que prefirió escuchar lo que le decía su corazón: que las mejores armas en la lucha por un niño son mucha fe y mucho amor.

Tom Mulligan

4

SOBRE LA
MATERNIDAD

El amor de una madre es como un círculo, sin principio ni final. Gira sin cesar expandiéndose siempre, tocando a todos los que entran en contacto con él, envolviéndolos como la niebla de la mañana, calentándolos como el sol del mediodía y cubriéndolos como un manto de estrellas vespertinas. El amor de una madre es como un círculo, sin principio ni final.

Art Urban

La maternidad:
¿un juego de trivialidades?

Estoy segura de que ustedes habrán escuchado hablar alguna vez del famoso juego de trivialidades, el cual se basa en contestar preguntas sobre aquellos sucesos característicos del diario vivir. A menudo he pensado que la maternidad se asemeja a un juego de trivialidades. Pareciera que pasamos gran parte del tiempo en un laberinto, abriéndonos camino a través de los detalles cotidianos de la vida en familia, sin que nunca podamos saber sin en realidad estamos o no ganando el juego.

Con esto en mente, he diseñado mi propio juego de trivialidades para madres. Las reglas son muy sencillas: se comienza con diez fichas, las cuales se ganan o se pierden a medida que avanza el juego.

¿Listas? Comencemos . . .

Casilla 1. Usted espera la llegada de su primer hijo. Si mira de su cintura que se expande con rapidez y dice, "En cuanto nazca el bebé regresaré a la talla 6", pierde 2 fichas—por hacerse falsas ilusiones.

Casilla 2. Han pasados dos años y su segundo hijo está a punto de nacer. Para evitar la rivalidad entre hermanos, usted se ha preparado cuidadosamente, ha concentrado su "atención en ocuparse" de su hijo mayor, y le ha dado su propia muñeca para que la alimente, la bañe, la acaricie. Cuando el bebé llegue a casa, el hermano mayor estará muy bien. Pero reste 1 ficha—es el perro el que está celoso.

Casilla 3. Su primer hijo acaba de anunciar en la mesa del comedor que será un roble en la obra de teatro que se presenta al día siguiente en el colegio, y que necesita el disfraz correspondiente. Si usted permanece despierta hasta las tres de la mañana fabricando un disfraz novedoso e imaginativo, reste 3 fichas por establecer un ejemplo imposible para el resto de nosotras. Por otra parte, si lo enfunda en una bolsa de papel marrón con un hueco para la cabeza y los brazos, y pega hojas verdes en el frente y en la espalda, gana 5 fichas por salvarnos a todas las demás.

Casilla 4. Usted ya tiene tres hijos y todos están en el colegio. Ha descubierto que "madre" es sinónimo de "servicio de taxi". En un día típico, deja a su hija menor en la clase de música y luego lleva a los chicos a su práctica en la Liga Infantil. Luego regresa por la niña y lleva a los pequeños deportistas de la liga que se quedaron rezagados a sus respectivos hogares. Hay que preparar la cena volando, porque alguno debe estar en su coro a las siete. Ya es hora de ir a la cama, cuando descubre que sobra un chico. Pero usted no se desespera . . . ha sucedido antes y pronto llamará la madre que descubre que le falta uno. Gana 5 fichas por su resistencia.

Casilla 5. Los adorables pequeños que arropó amorosamente en sus camas durante tantos años, de repente comienzan a tratarla como si hubiera perdido todo su cerebro en el jardín infantil. Se sienten incómodos si los ven en su compañía. Adivine qué: es la madre de unos adolescentes, aquellas extrañas criaturas que piensan que miden tres metros y están hechos a prueba de balas. Si sobrevive a esta etapa con sus sentidos intactos, gana 8 fichas por heroísmo en el campo de batalla. Hasta entonces, recuerde siempre que usted tiene el arma esencial: ¡las llaves del auto!

Casilla 6. Usted sabe que su hijo mayor llegó de la universidad cuando ve la pila de ropa sucia en la sala. Si toma la ropa para clasificarla, lavarla y plancharla como en los viejos tiempos . . . ¡pierde 3 fichas y debe avergonzarse! Si, por el contrario, toma de la mano a su hijo y le muestra el lugar donde han estado la lavadora y la secadora desde que él era pequeño, gana 5 fichas. Algunas de las cosas más importantes de la vida no se enseñan en la universidad.

Casilla 7. Casi por milagro, los niños se han convertido en adultos responsables. Por casualidad, escucha a su hijo que le narra a su nieto los mismos cuentos que usted le contó hace tanto tiempo, y las lágrimas ruedan por sus mejillas. No se desespere . . . estas son las perlas de tener hijos, y de eso precisamente se trata el juego.

* * * * *

¡Felicitaciones! Ha cruzado la recta final y ha llegado el momento de sumar los puntos. El juego que acaba de jugar se llama "Maternidad", y si no ha perdido todas las fichas, ¡gana!

Jacklyn Lee Lindstrom

Carta de una madre a su hijo que empieza el jardín infantil

Querido Jorge:

Cuando tu hermano mayor, tu perrito y yo te acompañamos al colegio esta mañana, no tienes idea de cómo me sentía.

Estabas tan entusiasmado; habías empacado y desempacado los útiles escolares en tu morral docenas de veces. Realmente echaré de menos aquellas mañanas de ocio cuando despedíamos a tus hermanos a la hora de irse al colegio. Yo solía sentarme a leer el periódico y tomarme un café, y tú coloreabas las tiras cómicas mientras mirabas *Plaza Sésamo*.

Por ser tú mi hijo menor, aprendí unas cuantas cosas antes de que llegaras. Descubrí que los días de la infancia que parecen eternos pasan muy rápido. En un abrir y cerrar de ojos, tus hermanos mayores salían a estudiar como lo hiciste tú esta mañana.

Fui afortunada; pude elegir entre trabajar o no. Cuando naciste, los destellantes premios del desarrollo profesional y del doble ingreso económico al hogar ya habían perdido importancia. Saltar en los charcos contigo, llevarte al parque o leerte una y otra vez tu libro favorito, significaba más para mí.

No fuiste a un instituto de educación preescolar y yo no soy exactamente María Montessori. Espero que esto no te perjudique. Aprendiste los números cuando me ayudabas a contar las botellas de gaseosa que devolvíamos a la tienda. (Por lo general me persuadías de que te permitiera elegir un caramelo con ese dinero.)

No estoy actualizada en el método Palmer, pero escribes muy bien tu nombre con tiza en la acera, en mayúsculas para que parezca más importante. Y, de alguna manera, has aprendido los matices del lenguaje. El otro día me preguntaste por qué te llamo "cariño" cuando leemos cuentos y "amigo" cuando me ayudas con las tareas domésticas. Mi explicación entre una situación de intimidad y una de trabajo compartido pareció satisfacerte.

Debo admitir que he desarrollado mentalmente una imagen de mí misma cuando estás en el colegio. Me veo actualizando los álbumes de fotografía y comenzando aquella novela que siempre quise escribir. Cuanto más se acerca el fin de las vacaciones y las discusiones entre tú y tus hermanos se hacen más frecuentes, mayor es el deseo que llegue el gran día.

Y luego, esta mañana, te acompañé hasta tu aula, que tiene una fotografía del presidente en una pared y una de Bambi en la otra. Encontraste de inmediato el gancho con tu nombre para tu abrigo y me diste uno de tus abrazos típicos, fuerte, fuerte, fuerte. Esta vez estabas más preparado para soltarme que yo.

Quizás algún día lleves por primera vez al jardín infantil a un niño con sus ojos muy abiertos y una sonrisa inesperada. Cuando te vuelvas en la puerta para despedirte, estará demasiado ocupado conversando con un nuevo amigo para advertirlo. Aunque sonrías, sentirás que el rubor enciende tus mejillas. . . . Y entonces comprenderás.

Con amor, Mamá
Rebecca Christian

Relato de una madre deportista

Es un frío sábado de mayo. Podría estar en casa limpiando las telarañas de los rincones, o instalada en el sofá leyendo un buen libro de misterio. En lugar de esto, me encuentro en las frías gradas de un campo de béisbol. Un viento helado penetra mi chaqueta de invierno. Froto mis manos, y lamento no haber traído mis guantes de lana.

"¿Señora Bodmer?—Es el entrenador de mi hijo Matthew, a quien admira tanto que renunció a las gaseosas para impresionarlo con su estado físico—. Su hijo jugará hoy en el lado derecho. Ha trabajado duro este año y creo que se merece una oportunidad".

"Gracias", respondí, orgullosa de mi hijo que ha dado todo de sí a este entrenador y a su equipo. Sé cuánto lo desea, y me alegra que sus esfuerzos hayan sido recompensados.

De pronto me puse nerviosa al ver salir a los miembros del equipo, en su uniforme a rayas, trotando hacia el campo. Busco el número de mi hijo. No está ahí. Eddie, por el contrario, el jugador más inexperto del equipo, asume el lugar anunciado por el entrenador. Miro otra vez, para cerciorarme. ¿Cómo puede ser? Quisiera correr hacia el entrenador y preguntarle qué ocurre, pero sé que a Matthew le desagradaría. Ya he aprendido las reglas de etiqueta para las madres; dirigirse al entrenador no es aceptable, a menos que él inicie la conversación.

Mi hijo, aferrado a la valla que hay frente a los camerinos, anima a sus compañeros con sus gritos. Trato de descifrar su expresión pero sé que él, como la mayoría de los hombres, ha aprendido a ocultar sus sentimientos. Se me parte el corazón al pensar que se ha esforzado tanto y recibe tan poco apoyo. No comprendo qué lleva a los chicos a someterse a todo esto.

"Bien, Eddie!", exclama su padre, orgulloso de que su hijo haya tenido una oportunidad. He visto a este mismo hombre salirse disgustado del juego cuando su hijo dejaba caer la pelota o hacía un mal lance. Pero ahora está orgulloso de su hijo que pudo jugar, mientras que el mío permanece en la banca.

Para la cuarta entrada, mis dedos están ateridos del frío y no siento los pies, pero no me importa. Matthew ha entrado al juego. Se pone de pie, elige uno de los cascos, toma el bate y se dirige al lugar indicado. Me aferro a las gradas. Practica con el bate un par de veces. El lanzador parece un adulto. Me pregunto si alguien habrá verificado su certificado de nacimiento.

Primer lanzamiento. "¡Buen swing!", exclamo. El siguiente lance es una bola. "¡Muy bien, muy bien!" Segundo lanzamiento. Rezo. Cruzo los dedos. El lanzador se prepara. Contengo el aliento. Tercer lanzamiento. Mi hijo agacha la cabeza y camina lentamente de regreso a la banca. Desearía ayudarlo, pero sé que no hay nada que pueda hacer.

Durante ocho años he estado sentada allí. He bebido galones del peor café, he comido toneladas de perros calientes y palomitas de maíz saladas. He soportado el frío y el calor, el viento y la lluvia.

Algunas personas se preguntarán por qué alguien en su sano juicio se somete a esto. No es porque desee realizar mi sueño de ser una deportista excelente a través de mis hijos. Tampoco lo hago para sentirme bien emocionalmente. Desde luego, a veces es así. He visto a mis dos hijos anotar goles de triunfo en fútbol, asestar jonrones en béisbol y hacer canastas espectaculares en baloncesto. Los he visto hacer atrapadas increíbles en fútbol americano. Pero lo que más he visto es dolor.

He aguardado con ellos la llamada que les anuncia que forman parte del equipo y he sentido cuando ésta nunca llega. He visto cómo les gritan los entrenadores. Los he visto en la banca un juego tras otro. He esperado en las salas de urgencias mientras acomodan sus huesos rotos y hacen radiografías de sus tobillos inflamados. Me he sentado aquí año tras año observándolo todo y preguntándome por qué.

El juego finaliza. Estiro las piernas y trato de que mis pies helados revivan golpeándolos contra el suelo. El entrenador se reúne con el equipo. Lanzan un grito de batalla y luego se abalanzan sobre sus padres. Noto que el padre de Eddie tiene una gran sonrisa y lo palmea en la espalda. Matthew quiere una hamburguesa. Mientras lo espero, el entrenador se me acerca. No puedo mirarlo a los ojos.

"Señora Bodmer, quiero que sepa que tiene un hijo maravilloso".

Aguardo a que me explique por qué lo decepcionó de esta manera.

"Cuando le dije a su hijo que podía jugar, me agradeció y rechazó la oferta. Me dijo que permitiera que Eddie jugara, pues significaba más para él".

Me vuelvo y veo a mi hijo devorando su hamburguesa. Ahora comprendo por qué me siento en las gradas. ¿Dónde más puedo ver a mi hijo convertirse en un hombre?

Judy Bodmer

Los síntomas de una maternidad avanzada

Tal vez comienza cuando nos damos cuenta de que los conciertos de rock nos producen una terrible jaqueca. O que nos ofrecemos a cortar la comida de otras personas. O advertimos que terminamos una discusión con "Porque yo soy la mamá, por eso".

Esto revela el comienzo de una nueva etapa en nuestras vidas; los síntomas son evidentes. Se sabe que hemos cruzado el umbral de la maternidad avanzada cuando:

Te pones a contar las chispitas de dulce en los pastelitos de cada niño para cerciorarse de que sean iguales.

Deseas ponerle una caución al niño que rompió el carro de juguete predilecto de tu hijo y lo hizo llorar.

Sólo tienes tiempo para depilarte una pierna en determinado momento.

Te escondes en el baño para estar a solas.

Tu hijo vomita y lo alcanzas en el acto.

El hijo de otra persona regurgita en una fiesta y no se te quitan las ganas de comer.

Consideras que las pinturas de los niños debieran ser sustancias de uso prohibido.

Dominas el arte de colocar grandes cantidades de panqueques y huevos en una bandeja sin que se toquen unos a otros.

Tu hijo insiste en que leas en voz alta *Cómo aprendí a usar el baño* en la sala de espera de la estación del ferrocarril, y tú lo haces.

Te aferras a los altos fundamentos morales contra las armas de juguete y tu hijo muerde su tostada hasta que adopta la forma de una pistola.

Esperas que la salsa de tomate sea una legumbre, porque es la única que come tu hijo.

Persuades a tu hijo que su juguetería predilecta es un museo, no una tienda.

No resistes pensar en la primera novia de tu hijo.

Odias aún más pensar en su esposa.

Adviertes que estás cortando los emparedados de tu esposo en formas irregulares.

Haces avanzar la película cuando el cazador mata a la mamá de Bambi.

Te haces miembro de tres acuarios diferentes porque a tu hijo le encantan los tiburones.

Te desesperas cuando tu hijo se aferra a ti a la hora de salir durante el primer mes de la escuela, y luego te desesperas cuando sale sin volverse a mirar.

No regalas la ropa de bebé—es tan definitivo.

Escuchas las palabras de tu madre saliendo de tu boca cuando dices: "No con tu vestido nuevo".

Dejas de criticar la forma como te crió tu madre.

Pierdes el sueño.

Limpias la cara de tu hijo con tu propia saliva.

Lees que el promedio normal de preguntas diarias de un niño de cinco años es 437 y te enorgulleces de que tu hijo esté sobre el promedio.

Contratas una niñera porque hace siglos que no sales con tu esposo, y luego pasas la mitad de la velada llamando a casa a preguntar por los niños.

Dices al menos una vez al día, "No estoy hecha para esto", pero sabes que no lo cambiarías por nada.

Liane Kupferberg Carter

¡Siempre, por siempre, pase lo que pase!

No hay amistad ni amor como el de una madre por su hijo.

Henry Ward Beecher

Nuestra hija Ariana pasó de ser un bebé a ser una niñita, y como todas, solía golpearse y resparse las rodillas cuando jugaba. En estas ocasiones, extendía mis brazos y le decía, "Ven a verme". Cuando trepaba a mi regazo, la mimaba y le preguntaba "¿Eres mi niñita?" En medio de sus lágrimas, asentía. "¿Mi linda niñita Ariana?" Asentía, esta vez con una sonrisa. Por último, le decía: "¡Y te amo siempre, por siempre, pase lo que pase!" Con una risita y un abrazo, partía preparada para su próximo reto.

Ariana tiene ahora cuatro años y medio. Hemos continuado jugando a "Ven a verme" cuando se raspa las rodillas o hieren sus sentimientos, para los "buenos días" y las "buenas noches".

Hace unas pocas semanas tuve "uno de aquellos días". Estaba fatigada, de mal humor y agotada de cuidar de una niña de cuatro años, dos muchachos adolescentes y un negocio en casa. Cada llamada telefónica o llamada a la puerta significaba trabajo para un día entero, que debía ser despachado ¡de inmediato! En la tarde ya no pude soportarlo y me marché a mi habitación para llorar a mis anchas.

Ariana pronto se me acercó y me dijo: "Ven a verme". Se acostó a mi lado, colocó sus suaves manilás en mis mejillas húmedas y preguntó, "¿Eres mi mamita?" Entre lágrimas, asentí. "¿Mi linda mamita?" Asentí, y sonreí. "¡Y te amo siempre, por siempre, pase lo que pase!" Con una risita y un fuerte abrazo, partí preparada a afrontar mi próximo reto.

Jeanette Lisefski

Cuando un hijo se va a la universidad

¿Cómo sabemos cuando el fruto está maduro?
Cuando deja el racimo.

André Gide

Pensé que la estaba llevando al jardín infantil; entonces,
¿qué hago en esta universidad? ¿No es éste el cobertor
que tejí para su siesta? ¿Por qué lo estoy poniendo en una
cama extraña? ¿Qué hacemos aquí? Ella está tan entusiasmada y yo . . . yo simulo que el dolor que siento en el
corazón no está allí. ¿lómo pasaron estos dieciocho años?

No hay nada más que hacer. La cama está hecha, las
maletas desempacadas y ella incluso ha colgado afiches y
retratos. ¿Significa esto que debo partir? Me despido con
un beso, sonrío y le deseo que la pase bien—pero no tanto
que se olvide de estudiar. Luego salgo a una tarde dorada
de otoño, abro el auto, me deslizo detrás del timón y lloro.

El regreso a casa es largo y solitario. Entro en la casa;
todo está en silencio, como si hubiera partido para
siempre. Su habitación luce tan vacía y silenciosa. Difícil
de creer, pero ahora puedo ver la alfombra, su cama está

en orden, no hay ni un calcetín extraviado. Las cortinas están derechas y la alacena casi vacía. Pero . . . ¿qué es esto? ¡Encuentro que todos los cachivaches están aún debajo de la cama! Las tazas y las copas de cristal que se me habían perdido estaban ahí mismo: todas encima del tocador, entre fotografías de novios olvidados hace tiempo. Entonces, en una esquina de la habitación veo colgada la blusa preferida de mi hija y me pregunto si sería capaz de olvidar mis consejos con la misma facilidad con que olvidó aquella blusa.

Escucho el ómnibus de la escuela que sube por la calle, y mi corazón salta; por un instante creo que llegó a casa. Y luego, con un largo suspiro, recuerdo que el ómnibus ya no se detiene aquí. Entonces, el chófer da vuelta la esquina, acelera el ómnibus y continúa su camino, mientras yo fijo la mirada sobre el desolado portal de nuestra casa. No más estudiantes, ni la casa llena de amigos, no más anarquía, ni baños desordenados. Todo limpio, ordenado, aburrido, silencioso.

Esta mañana, yo era una madre que después de haber permanecido dieciocho años en este oficio, de pronto me veía obligada a abandonar. ¿Qué haré ahora? ¿De quién cuidaré? Deseo que mi hija sea independiente, y sé que debo arreglármelas sin este trabajo, pero ¿por qué nadie me dijo que un pedacito del corazón se rompe cuando llega este momento?

¿No era ayer apenas cuando se trepaba a mi regazo, con sus rizos de bebé brillando al sol? Luego pasó a una etapa en que la catástrofe más grande era una rodilla raspada y perder un diente. Ahora anda por un camino completamente nuevo, y las catástrofes que la amenazan son peores: corazones rotos y sueños fallidos. Mis besos, las venditas adhesivas y las galletas de chocolate ya no podrán sanar sus heridas. Anhelo protegerla de las lágrimas y del dolor—pero no puedo. Tendrá que aprenderlo todo por sí misma, llorar sus propias lágrimas y penas y enfrentar sus desilusiones.

Pensé que estaba preparada para esto, que lo había planeado todo. Inicié una nueva carrera, desenterré viejos proyectos y llené mi agenda. No pensaba sentarme a padecer el síndrome del nido vacío. Yo no; yo era más inteligente, la "nueva" mujer: brillante, eficiente, segura de mí. Entonces, ¿por qué me aferro a la muñeca de mi hija y lloro?

Entonces recuerdo: otro otoño, otro lugar. Yo era la joven que se marchaba para la universidad, llena de esperanzas y en busca de nuevos horizontes. Fue mi padre quien se despidió, su figura se veía apesadumbrada por el dolor. ¡Oh, padre, ahora te comprendo!

Así acaba una etapa en tu vida, el hijo que has criado ya no te necesita, lo cual deja un lugar vacío en tu corazón y en resto de tus días.

Espero recuperarme y poder realizar otros sueños, disfrutar de todo el tiempo que me queda, de no tener que ordenar la casa y llegar a acostumbrarme a ver los baños en perfecto orden otra vez. Pero ahora mismo, esta tarde de otoño dorada, creo que permaneceré aquí en la habitación de una joven, aferrada a una muñeca vieja y muy querida, llorando y añorando.

Phyllis Volkens

La ayudante de mamá

El año que llegué a Dallas aprendí que la verdadera maternidad no está reservada a las madres. Me acababa de trasladar a mi nuevo empleo como presentadora de noticias en el mejor horario para la sucursal de la NBC en el mercado de la televisión de Dallas-Fort Worth. Como ex señorita Estados Unidos, conocía el riesgo de ser estereotipada como reina de belleza, así que estaba decidida a trabajar el doble para probarle al resto de lo que era capaz. No me importaba hacerlo, porque adoraba mi trabajo—pero también adoraba a mi familia. Las presiones del trabajo, una nueva casa, cuatro hijos y la ola de calor en Texas era más de lo que una sola persona podía sobrellevar a la vez.

El reto más difícil era encontrar una guardería para Tyler, mi hijo de tres años. Durante tres años había estado al cuidado de una familia maravillosa que vivía en el vecindario y lo trataba como a su hijo adoptivo. Si había de tener tranquilidad en Dallas, necesitaba encontrar algo similar. Visitar una guardería tras otra se estaba convirtiendo en una pesadilla, y como mi nuevo empleo requeriría pronto toda mi atención, necesitaba con urgencia nuevas ideas.

Justo cuando pensaba que no había esperanzas, mi amiga Carmen llegó a rescatarme. Tenía una tía en San Antonio que quizás estaría dispuesta a viajar a Dallas para trabajar como niñera. Una persona recomendada era exactamente lo que yo necesitaba, así que mandé a buscar a Mary de inmediato y mis esperanzas se renovaron mientras aguardaba su llegada.

La mujer que apareció en la puerta de mi casa no se ajustaba a la imagen preconcebida que yo tenía de una niñera. Era diminuta y bastante mayor. Vestía harapos mal combinados y sostenidos con ganchos de nodriza. Bastante tímida, apenas hablaba incluso cuando yo le hacía alguna pregunta. Cuando sonreía, sus dientes revelaban una vida de dificultades y pobreza. ¿Cómo podía contratarla? ¿Cómo podría darle instrucciones o confiar en que tomara sus propies decisiones? ¿Deseaba hacerme cargo de una persona más?

Tyler resolvió aquellas preguntas desde el primer momento, haciendo caso omiso de mis silenciosas reticencias. La tomó de la mano, le enseñó la casa y pasó las horas siguientes parloteando alegremente mientras Mary lo escuchaba y sonreía. Se sentaron en la misma silla pequeña y miraron televisión, colorearon juntos en el suelo. Ella decía todo el tiempo que Tyler era "tan inteligente", pero yo podía ver que ambos aprendían por igual el uno del otro.

La ropa que le compramos a Mary permaneció guardada en su alacena para las ocasiones especiales. Pero Tyler no notaba—ni le importaba—que Mary luciera diferente a la mayoría de la gente. Estaba orgulloso de su amistad. Todas las tardes, sin falta, ella caminaba hasta la escuela y se sentaba en una banca en el pasillo a mirar a los niños. Cuando finalmente sonaba la campaña, Tyler la buscaba para regresar a casa con ella. La primera vez que llovió, llamé a todas partes para buscar que alguien lo condujera a casa en auto, pero Tyler no quiso oír hablar del asunto. Deseaba regresar caminando con Mary para poder jugar en los charcos con ella. Después de esto, con lluvia, viento o nieve, Mary y Tyler regresaban juntos a casa, unidos en una amorosa amistad que la mayor parte de la gente sólo puede imaginar.

Mi ejemplo predilecto de esta devota amistad es la ida al oftalmólogo. Mary se mostraba tímida y temerosa en los lugares públicos, y la perspectiva de ir a un gran instituto de oftalmología la ponía nerviosa. Pero insistí en que necesitaba un examen y fuimos. Parecía especialmente pequeña y vulnerable en la enorme silla del médico, y Tyler debió sentir también su intranquilidad. Vi que se aproximaba un poco a ella cuando apagaron las luces. Mientras el médico proyectaba las letras sobre la pared, Mary susurraba vacilando la línea superior y se esforzaba por ver las letras más pequeñas. Luego, por el rabillo del ojo, vi un asomo de movimiento. Tyler se las había arreglado para ubicarse al lado de la silla y estaba reclinado sobre su brazo con una gran sonrisa . . . ¡diciéndole las respuestas!

Gracias a Dios, la maternidad no está reservada únicamente a las madres. Gracias a Dios, hay en el mundo mujeres y hombres que tienen la capacidad de dar, cuidar y amar a los demás. Qué maravilla que los niños puedan relacionarse con *varios* adultos que los adoran: las personas que trabajan en el cuidado infantil, los guíes del club de exploradores, los entrenadores de deportes, los profesores, las enfermeras, los vecinos, las tías y los tíos. Demos gracias a Dios por gente como Mary, uno de sus ángeles especiales.

Jane Jayroe

La madrastra

Desde nuestro divorcio amistoso ocurrido hace algunos años, Eric y yo habíamos mantenido una relación agradable y continuábamos siendo buenos amigos. Habíamos acordado adoptar reglas coherentes como padres y horarios de visita, y nuestro hijo Charley estaba satisfecho que existiera un buen equilibrio entre los dos hogares. Parecía bien adaptado y feliz.

Así que cuando conocí a la novia de Eric, la mujer que habría de convertirse en la madrastra de mi hijo, estaba un poco nerviosa. No había duda de que Bonny tendría una gran influencia en su vida. Lo que no me entusiasmaba en ese momento era el efecto que tendría en la mía. Después de aquel primer encuentro, me sorprendió lo diferentes que éramos. Su ropa tenía el toque de "vestida para triunfar", mientras que la mía "ostentaba con naturalidad las arrugas" que tenía. Era atractiva, sosegada y segura de sí misma, mientras que yo era desaliñada y nerviosa y a veces, me daba por explayarme sobre cosas irrelevantes. La miraba con escepticismo y desconfianza, examinaba cada modismo que usaba y cada inflexión, evaluándola como futura madre de mi hijo. El pensamiento que me dominaba era: "¿Qué le hará a mi precioso bebé?"

Antes de que llegara ese momento, había creado en mi mente varias imágenes de la persona a quien desposaría algún día mi ex esposo. Una de ellas era una bruja malvada, una arpía furiosa de quien mi hijo se alejaría despavorido. Desde luego, correría hacia mí, su verdadera mamá, quien sabría brindarle la infinita paciencia y sabiduría que sólo una verdadera madre puede ofrecer. Existía otra quimera aún más aterradora. En ésta ella era el puente sobre aguas turbulentas donde encontraría refugio de su necia madre que nunca lo comprendía. Pero la peor de todas era que ella fuera una persona jovial, y que mi hijo contagiado por su entusiasmo, me llamara para contarme que no pasaría la noche en casa porque Bonny ha hecho reservaciones en primera clase para ir al campeonato de baloncesto con él.

Desafortunadamente, esta última quimera no era irreal. Se trataba de una persona de carne y hueso que estaba a punto de convertirse en la otra madre de mi hijo, y lo único que yo podía hacer era observar y esperar.

Con el tiempo, me comportaba de una manera menos cautelosa y más natural frente a Bonny. Ella también actuaba de una forma menos distante y más confiada en mi presencia. Encontramos una manera fácil de coordinar las rutinas de buscar y dejar al niño, las conferencias en el colegio y los partidos de fútbol.

Luego, una noche, mi nuevo esposo y yo invitamos a Eric y a Bonny a casa para tomar café después de una de las conferencias escolares. Charley, a quien le fascina tenernos a todos reunidos, estaba feliz. Durante la velada todas las tensiones y pretensiones desaparecieron. Bonny y yo hablamos con mayor sinceridad, y en lugar de complicadas configuraciones de ex esposa y madrastra, ahora éramos sencillamente amigas.

Pocos meses después, los cuatro nos reunimos a conversar acerca de las calificaciones de Charley. En lugar de sacar los habituales esquemas, listas, datos y bibliografías—como si fuera a presentar un caso ante un comité—Bonny se abrió y confesó su vulnerabilidad. Habló acerca de su inseguridad y preocupación en cuanto a la forma de abordar la adolescencia de Charley. ¿Exigía demasiado o demasiado poco? ¿Lo presionaba o lo mimaba?

Sentí una gran empatía con ella. Eran los mismos pensamientos y temores que no me dejaban dormir en la noche. Pensaba, sentía y actuaba como una madre—que era exactamente en lo que se había convertido.

La segunda madre de Charley no es entonces la bruja malvada que puede lastimar a mi hijo, ni tampoco el hada madrina que lo apartará de mí. Es una mujer que lo ama. Se preocupará por él, luchará por él y lo protegerá de todo daño.

Pasé de temer la aparición de Bonny a agradecer su presencia en la vida de Charley y en la mía. Acojo con agrado su perspectiva única, sus ideas—e incluso sus listas. Estaba equivocada al querer retener a mi hijo contra mi pecho, como si fuera un juguete. No deseaba compartir. Quizás fui yo la primera en amarlo, pero esto no significa que deba ser la última. Ahora hay una persona más en este mundo que vela por él. Y por esta razón, comparto gustosa el título de *Mamá*.

Jennifer Graham

5

SER MADRE

Todo niño que nace en el mundo es un nuevo pensamiento de Dios, una posibilidad siempre renovada y afortunada.

Kate Douglas Wiggin

Instinto materno

Me encontraba casi al final de mi primer embarazo, obligada a guardar cama hasta el momento del parto. Después de haber estado a punto de sufrir un aborto, no deseábamos correr ningún riesgo. Mientras estaba en cama, no era mucho lo que podía hacer, excepto hablarle a mi bebé y disfrutar de sus movimientos. Me saludaba todas las mañanas a las nueve, como un reloj; se movía, bailaba por todas partes, encontraba un lugar cómodo para descansar, y luego se movía un poco más.

Dos semanas antes de la fecha en que debía nacer Angélica, me desperté y no sentí nada. Uno de mis libros sobre el embarazo decía que esto podía ocurrir, así que traté de relajarme. Encendí el televisor para ver las noticias y otros programas, pero a las diez de la mañana todavía no sentía al bebé, y me angustié mucho. Llamé al médico y me dijo que no me preocupara porque estas cosas sucedían todo el tiempo; que si después de ocho horas la situación no cambiaba, entonces sí nos preocuparíamos. Exactamente lo que decía el libro.

Y fue entonces cuando se despertó mi "instinto materno". No me importaba lo que dijeran los expertos— sabía que algo estaba mal. Llamé de nuevo al médico para decirle que me dirigía a su consultorio para poder escuchar los latidos del corazón del bebé. No me importaba que pensaran que mi reacción era exagerada. Confiaba en mi instinto.

Mi esposo salió del trabajo y se reunió conmigo cuando la enfermera estaba conectando el monitor a mi estómago. El pequeño corazón de mi bebé latía constante pero débilmente. Pero a las 11:30, ¡el ultrasonido mostró que su corazón era lo único que se movía!

Me llevaron de urgencia al hospital, en estado de shock, con órdenes del médico de que se me practicara de inmediato una cesárea. ¿Moriría mi bebé? Cuando llegamos al hospital, la enfermera nos llevó corriendo a admisiones. "¡La estábamos esperando!" La escena era como una de aquellas series de televisión sobre emergencias médicas. Cuando mi esposo estacionó el auto, yo me encontraba ya en una camilla, con un tubo intravenoso en el brazo, lista para la operación.

Durante la cirugía, me aferré a la mano de mi esposo como a una tabla de salvación—la de la vida de Angélica. El bebé salió azul. El médico le dio una palmada, dos . . . de nuevo. Le rogué a Dios que no se la llevara. Y entonces soltó un gemido, el sonido más bello que he escuchado en mi vida. En medio de lágrimas, besamos a nuestra hija y le dimos la bienvenida a este mundo. Se había enredado en el cordón umbilical y, de no haber llamado cuando lo hice, la habríamos perdido.

¿Qué me hizo llamar? Fue el instinto materno, aquel sexto sentido que tenemos las madres. Me maravillé y agradecí que el instinto materno se hubiera despertado en mí antes de dar a luz y me hubiera indicado cómo actuar para salvar a mi hija.

En cuanto a mi querida Angélica, puedo decir que ella es una niña de diez años saludable y precoz, cuyo cuento predilecto es nada menos la historia del día en que nació.

Amy Hilliard-Jones

Se parece a nosotros

Tres meses antes de que naciera mi primer hijo, comencé a reunir cosas de bebé. Ya tenía alguna ropa mía que mamá había conservado, alguna de mi padre que mi abuela había guardado, y otra que mi madre y mi abuela habían tejido años antes, adelantándose demasiado a este acontecimiento.

Había algunos vestidos, un faldón largo y blanco de algodón de mi padre, que era el más bello y fino, dos banderitas, botitas de lana y unos gorritos diminutos que probábamos en el puño de mi esposo.

No soy muy buena para los trabajos manuales, pero para mí era importante hacer a mano las almohadas, los cobertores y las faldas de la cuna en la que dormiría mi bebé. Tenía fotografías en las que yo aparecía con un vestido largo, blanco—parecía la manera correcta de comenzar una nueva vida. Así que hice uno en ojalillo, cintas de raso y lazos—el único que he hecho en mi vida— y me quedó hermoso.

Luego fui de compras: pañales, biberones, cascabeles, baberos, frazadas, un cochecito, el asiento para el auto . . . Se necesitan muchísimas cosas para criar a un bebé de la manera como nos hemos acostumbrado a hacerlo hoy en día.

Puse todas estas cosas suaves y delicadas en la habitación decorada en amarillo claro, que pronto sería la del bebé, y jugaba con ellas mientras aguardábamos su llegada.

No tuvimos que esperar demasiado. Nació en la fecha prevista, con el rostro enrojecido por haber luchado durante 21 horas por llegar al mundo, pero su cabeza tenía una forma perfecta, completamente calva y, desde luego, linda.

Ocho libras, media onza, 49 centímetros, 12:53 P.M., 5 de enero de 1980. ¿Por qué conservamos estos datos con tanto cuidado? Porque cada detalle acerca de los bebés es fascinante e importante, por eso.

Cuando la pusieron en mis brazos, miré su rostro. Abrió los ojos, me miró y sonrió. Ya lo sé, dicen que los bebés no sonríen, pero *yo la vi* sonreír, y le dije "¡Hola!"

Durante los meses de espera, mi esposo y yo habíamos hecho largas listas de nombres. Después de comparar, argüir y eliminar, decidimos que se llamaría Katherine, si era una niña, y Benjamín, si era un niño. Cualquiera de los dos llevaría el nombre de mi padre, Lindsay, y naturalmente, el apellido de la familia, Farris.

Cuando llamé a mis padres para anunciarles que la niña había nacido y que se llamaría Katherine Lindsay Farris, mi padre me pidió que se lo repitiera. Uno de los primeros placeres como madre fue escuchar que mi padre, un hombre culto y elocuente, de pronto no sabía qué decir.

Cuando llegó el momento de llevarla a casa, la vestimos con el fino faldón que había sido de mi padre, una pequeña gorrita y un par de botitas de croché, que le quedaron enormes.

Los primeros amigos con quienes hablamos nos preguntaron a quién se parecía, y yo exclamé de inmediato:

"¡Se parece a nosotros!" Antes de aquel momento, nunca había pensado en ello. Pero diez meses después, alguien más también lo pensó así: el juez que aprobó la adopción.

Judy Farris

¿Mamá . . .?

No me convertí en madre de la manera convencional. Hubiera podido optar por quedar embarazada; en cambio, mi esposo y yo decidimos comenzar nuestra familia mediante la adopción—la adopción de niños con necesidades especiales que anhelaban un hogar y una familia.

Sabíamos que enfrentaríamos caras de asombro y preguntas desagradables, pero sentíamos que éste era el camino correcto para nosotros. Es posible que algún día dé a luz a un bebé, y sé que será una experiencia increíble y conmovedora . . . así como la noche que me convertí en madre por primera vez.

Pensábamos adoptar dos hermanos: Jesse, de cinco años, y Mario, de cuatro. Una mirada a las fotografías de los niños cuando los encontraron, extremedamente delgados y enfermizos, disipó todas las dudas que hubiéramos podido tener. Los habíamos aceptado de todo corazón antes de conocerlos siquiera. Pero, ¿nos aceptarían ellos a nosotros?

En lugar de compartir su primer baño, o alimentar a mi hijo por primera vez, me encontraba sentada en el suelo de la casa de un extraño, tratando sin éxito de unir dos piezas de plástico para armar un submarino con uno de mis nuevos hijos.

No podía dejar de mirar los rostros de mis niños. La mano de Mario volaba sobre el barco que estaba construyendo, aunque de vez en cuando se detenía para mirarme y asegurarse de que aún estaba allí. Era bellísimo—al cerrar sus enormes ojos castaños, sus largas pestañas le llegaban hasta las mejillas, en tanto que sus enormes ojos pardos permanecían inmersos en el proyecto que tenía a su lado. No podía creer que tuviera cuatro años; era tan pequeño que parecía más bien un niño de dos años, y me estremecía al recordar las primeras fotografías que había visto. Ahora lucía casi robusto—sus piernas rollizas corrían por todas partes, trayendo los juguetes que deseaba mostrarnos. Estaba tan alegre y confiado.

Jesse, por su parte, parecía mucho mayor. Aun cuando cumpliría seis años en pocos meses, se portaba más bien como un niño de ocho o nueve años—muy serio y extremadamente preocupado por el bienestar y el comportamiento de su hermano. Observamos cómo corrigió a Mario varias veces y cómo lo protegía, asegurándose de que estos extraños—sus nuevos padres—no le hicieran daño a aquel hermanito por quien había luchado durante toda su corta vida, y a quien había protegido y criado.

¿Nos permitiría algún día asumir las tareas de padres, para que él también pudiera ser un niño—no de nuevo, sino por primera vez? Yo esperaba que hubiera todavía una oportunidad de lograr que Jesse confiara en un adulto. ¿Me había hecho cargo de más de lo que podía manejar?

Escuché una vocecita a mi lado que me dijo: "Mamá, ¿puedes alcanzarme esa pieza?"

Luego, escuché la voz de nuevo, esta vez en un tono más bajo: "Mamá, ¿puedes alcanzarme esa pieza, por favor?"

Me volví a mirar a Jesse para decirle que su madre susti-tuta había salido un momento, pero me detuve en medio de la frase porque vi que me estaba mirando a mí.

¿Mamá . . .?, pensé.

"¿Te . . . te refieres a mí, Jesse?", pregunté en voz baja.

Asintió solemnemente y señaló por encima de mi hombro.

"Necesito esa pieza que está sobre la mesa," dijo fijando sus ojos oscuros en los míos.

Me volví, tomé la pequeña pieza azul de la mesa y se la entregué. Sonrió.

"Gracias", dijo cortésmente, y la unió con las otras.

"¿Me permitirías que te dé un abrazo?" Temía pregun-társelo, porque era como si estuviera hablándole a un hombre de treinta años. Yo deseaba tanto que tuviera cinco años . . . era hora de que tuviera cinco años.

Vaciló, y entonces me miró. Yo podía ver que estaba pensando seriamente. ¿Podía confiar en mí?

Luego asintió. "Sí", dijo, y puso el submarino en el suelo.

Tendí mis manos, y se acercó y se sentó en mi regazo. Lo estreché entre mis brazos, y sentí que me ponía los bra-zos alrededor del cuello y también me abrazaba.

En aquel momento, supe que me estaba otorgando el don de ser madre. Y quizá, sólo quizá, yo podría darle el don de ser un niño.

Barbara L. Warner

No quiero otro bebé

"No quiero otro bebé".

Esta fue la respuesta de mi hijo mayor, Brian, cuando le dije que su padre y yo esperábamos nuestro tercer hijo. Habíamos sobrevivido a la primera serie de celos entre hermanos cuando nació el segundo, Damián. Pero ahora Brian, de tres años, se oponía tenazmente a la llegada de este nuevo bebé y nada lo convencería de lo contrario, ni la lógica, ni la razón, ni la persuasión.

Perpleja, le pregunté por qué no quería otro bebé.

Con los ojos muy abiertos y llenos de lágrimas, me miró fijamente y respondió: "Porque quiero que conservemos a Damián".

Rosemary Laurey

Fuera de nuestro control

Cuando llamaron a la puerta aquella tarde, abrí entorpecida. Era el momento más inoportuno para hacer una reparación. Yo tenía casi cinco meses de embarazo, y nunca había estado tan sensible, esperando a que sonara el teléfono. En realidad, había sido el peor momento para que se malograra el sistema de alarma, punto. No sólo estábamos sobrecargados de emociones, sino que no necesitábamos otra cuenta por pagar.

Nuestras finanzas andaban mal. Yo sentía náuseas en las mañanas desde que quedé embarazada y me puse tan mal que tuve que dejar mi trabajo—una pérdida de ingresos con la que no contábamos todavía. Aun cuando era difícil, estábamos muy entusiasmados para quejarnos. Habíamos intentado concebir un bebé durante año y medio, e incluso habíamos concluido la primera fase de las pruebas de fertilidad, sin llegar a ningún resultado definitivo. Al mes siguiente, no obstante, recibimos la llamada con la que habíamos soñado. ¡Estaba embarazada!

El primer trimestre había sido normal, excepto por las náuseas en la mañana, que yo sabía eran transitorias. Aguardaba con ilusión cada visita al médico, deleitándome en el hecho de que cada vez aprendíamos más y más acerca de nuestro hijo. Así que cuando el médico me preguntó si deseaba hacerme un examen de sangre optativo para determinar si el feto tenía entre otras cosas, espina bífida, no vacilé en decir que sí.

Cuando llegaron los resultados, el médico llamó de inmediato. Con un tono grave pero preocupado, dijo que los resultados eran extremadamente bajos. En lugar de sugerir que había espina bífida, la prueba sugería que se trataba del síndrome de Down.

El médico programó una amniocentesis. Aun cuando mi esposo, Rob, y yo estábamos nerviosos, aquel día fue emocionante. El técnico usó también un ultrasonido, así que vimos al bebé moverse por primera vez. De repente, todo cobró realidad para mí. Realmente seríamos padres, ¡y aquella personita era un niño! No podía tener algo tan terrible, ¿verdad?

Nos informaron que los resultados no los entregarían dentro de dos semanas, y que toda esa espera coincidiría con el tiempo límite dentro del cual era seguro terminar el embarazo. Pero, a pesar del diagnóstico, nosotros ni siquiera consideramos esa opción.

Comenzamos la espera. Nunca me han parecido tan interminables dos semanas. Traté de ocuparme en otras cosas, de pensar en algo diferente, pero aquellas palabras "los resultados son extremadamente bajos" me volvían una y otra vez a la mente. No me ayudaba el que el sistema de alarma de la casa se disparaba sin ninguna razón cuando menos lo esperábamos. Rob, desde luego, salía a trabajar todos los días, y yo me sentía sola e impotente.

Finalmente llegó el día en que nos comunicarían los resultados. Nunca olvidaré cuán nerviosa estaba; había permanecido sola en casa toda la mañana, aguardando a que sonara el teléfono. Todo estaba en silencio. Al mediodía no resistí más. Llamé al consultorio, pero la enfermera me informó que no habían llegado aún los resultados.

La mañana se convirtió en tarde. Cuando llamaron a la puerta, casi grito. Como un robot, le abrí la puerta al técnico, le mostré el sistema de alarma y me retiré rápidamente. Abrumada, mis únicos pensamientos eran una combinación de "¡Esto nos costará una fortuna!" y "¿Puede haber algo más inoportuno?" La fe que me habían enseñado en "Dios siempre actúa oportunamente" comenzaba a quebrantarse.

Casi dos horas más tarde, llamó la enfermera. Recuerdo que sus palabras comenzaban casi como una mala broma: "Hay buenas noticias y malas noticias".

La buena noticia era que nuestro hijo no sufría de síndrome de Down. La mala era que tenía dos cromosomas que estaban unidos. Explicó que si Rob o yo teníamos las mismas condiciones, nuestro hijo estaría bien. Lo contrario significaría que faltaba algo en la constitución de los genes del bebé.

Tratando de no gritar, pregunté: "¿Que falta algo, como qué? ¿Qué significa eso?"

"Lo siento, señora Horning, no podemos saber qué está mal hasta cuando nazca su hijo. Lo mejor es que usted y su esposo vengan de inmediato para hacerse un examen de sangre".

"¿De inmediato? ¿Podemos averiguarlo hoy mismo?", exclamé.

"Hoy podemos hacer los exámenes. Tendremos los resultados dentro de cinco días".

¿Cinco días?, pensé.

Fue en aquel momento cuando perdí el control. Me puse histérica. No recuerdo haber gritado ni llorado así en mis treinta y cuatro años de vida. Sentí como si alguien me hubiera dado un puñetazo en el estómago y hubiera recuperado el aliento justo el tiempo suficiente para que me golpearan de nuevo.

Recuerdo que llamé a Rob a su trabajo, todavía histérica, y me dijo: "Colleen, cariño, escúchame. Quiero que vayas a casa de los vecinos, ¿está bien? Saldré en cuanto pueda, pero no quiero que permanezcas allí sola".

Sin embargo, sus palabras y su frenética insistencia en que buscara ayuda no podían mitigar el pánico que me había invadido. Colgué.

Mientras permanecía al lado del teléfono tratando de recobrar el aliento, advertí que el técnico que había venido a reparar la alarma estaba trabajando todavía en la sala. No podía creer que él había escuchado todo esto. Profundamente entristecida, sentí que debía disculparme. Me dirigí hacia allá, llorando todavía.

Se encontraba en el umbral, como si me estuviera esperando. Antes de que yo pudiera decir una palabra, me llevó hasta una silla. "Siéntese . . . siéntese y respire profundamente", me ordenó.

Las órdenes específicas y su tono amable me tomaron por sorpresa. Cuando me senté y respiré, sentí que me tranquilizaba un poco.

El extraño se sentó frente a mí. En voz baja, me relató cómo su esposa había perdido a su primer hijo. El bebé había nacido muerto porque su esposa había desarrollado una diabetes durante el embarazo, y ellos no lo sabían.

Prosiguió diciendo cuán duro había sido para ellos aceptarlo, pero finalmente habían tenido que ceder y reconocer que era algo que no podían controlar.

Me miró y dijo: "Comprendo cuánto sufre en este momento, pero lo único que puede hacer es tener fe y darse cuenta de que lo que le ocurre a su bebé está fuera de su control. Cuanto más intente controlarlo todo, al bebé, los exámenes, su incapacidad de cambiar las cosas será peor y más la destrozará".

Me tomó la mano y me dijo que su segundo hijo había nacido pocos meses antes. Esta vez no hubo ningún problema. Él y su esposa se sentían dichosos de tener una niña sana.

Me dijo que todavía pensaba en su primer hijo, que había sido niño, pero que, por alguna razón, no estaba destinado a vivir. Me pidió que mantuviera la fe en mi bebé, que él creía que todo se solucionaría favorablemente.

Luego, tan serenamente como me había narrado lo que le había ocurrido, se levantó y se dirigió a la puerta. Se volvió y me dijo que ya había terminado su trabajo, que la alarma funcionaba bien.

Ese hombre me había ayudado como nadie habría podido hacerlo. ¿Qué podía decirle? Lo único que se me ocurrió fue un apacible, "gracias".

Entonces recordé que no le había pagado.

Sonrió y dijo que no le debía nada. Lo único que me pedía era que mantuviera la fe.

Después de todo, fue lo más oportuno del mundo.

Colleen Derrick Horning

Nota del editor: El hijo de Rob y Colleen nació cuatro meses más tarde. Pesó nueve libras, dos y media onzas, completamente sano.

La elegida

No eres sangre de mi sangre
Ni carne de mi carne.
Pero, aún así, milagrosamente mío.
Nunca olvides ni por un segundo
Que no creciste debajo de mi corazón
Sino dentro de él.

Anónimo

Era mi historia predilecta. "Habíamos cuidado de los niños durante años, pero después de un tiempo debían regresar con sus padres. Ahora deseábamos tener nuestro propio hijo, uno que permaneciera con nosotros para siempre".

Por lo general me refugiaba en el regazo de mi madre cuando comenzaba el relato, pero a medida que crecía prefería sentarme frente a ella para poder contemplar su rostro. Había visto algunos de esos niños en el álbum de fotografías: negros, morenos y blancos, mirando distraídos, posando, reclinados contra el perro. En las páginas más recientes, riendo ante la cámara, había un bebé rollizo y feliz; era yo.

Ella proseguía: "Era noviembre de 1947 y hacía un frío terrible—de hecho, fue el invierno más frío de los últimos tiempos. El tren había entrado ya a la estación cuando llegamos, lanzando grandes nubes de vapor. No habíamos viajado desde hacía muchos años, debido a la guerra, así que cuando subimos al tren la emoción nos embargaba. Ni siquiera nos importaba mucho el frío; ¡todo lucía tan bello! Parecía como si todo el campo estuviera congelado. Todo era blanco". Mi madre siempre se detenía en ese punto y sonreía. Yo imaginaba un país de hadas, con los árboles envueltos en nieve, estalactitas colgando de los tejados, brillantes constelaciones de copos de nieve en las ventanas del tren.

Y continuaba su relato:

"Finalmente, llegamos a nuestro destino y tomamos un ómnibus hacia una casa vieja. La matrona nos esperaba y nos ofreció una taza de té para que nos calentáramos. Luego nos enseñó todo. ¡Había habitaciones llenas de bebés! Niños y niñas, algunos rubios, otros morenos. Los había de ojos azules y de ojos castaños, como tú. Miramos durante largo rato—había tantos y muchos eran muy bellos. Tu padre y yo no sabíamos cómo elegir."

Si estuviera sentada en su regazo, me abrazaría con todas sus fuerzas y se inclinaría para besarme la frente. Si estuviera sentada frente a ella, fijaría la mirada hacia el infinito y sus ojos brillarían al recordar aquellos momentos. Esperaba impaciente la continuación del relato, acomodándome para escuchar lo que venía.

"De repente, llegamos a otra habitación y allí, en la segunda cuna, te vimos. Nos estabas mirando, como si nos hubieras estado esperando toda la vida, y supimos inmediatamente que eras la que queríamos, que nosotros también habíamos estado esperándote. Pensamos que eras la niña más bella de toda esa casa, con tu bella piel morena y grueso cabello negro. Nos dijeron que te llamabas Susan y tenías cuatro meses."

"La matrona nos preguntó si ésa era la niña que queríamos. Le respondimos con un rotundo sí. Te envolvimos en un cobertor y regresamos a la estación. En el tren, nos abordaban a cada momento. 'Oh, qué hermoso bebé. ¿Es suyo?', preguntaban. Y respondíamos: 'Sí, acabamos de elegirla'".

"Eligieron a la mejor por su mirada"—comentaba la gente, a lo que con orgullo añadíamos: "Ah, ciertamente fue así".

Al escucharla, me sentía muy especial, tanto como los hijos de padres biológicos. Durante años, cuando viajábamos en tren, pensaba que las parejas que veíamos susurrando juntas en el compartimiento se dirigían a alguna parte a buscar a su propio bebé.

Te elegimos deben ser las palabras más dulces en cualquier idioma.

Sue West

6

MOMENTOS ESPECIALES

*Estampa en la memoria de tus hijos un bonito recuerdo.
Pasa tiempo con ellos para mostrarles tu cariño;
Juguetes y chucherías no pueden reemplazar
Los preciosos momentos que compartimos.*

Elaine Hardt

Baila conmigo

Cuando somos jóvenes y soñamos con el amor y la realización personal, pensamos tal vez en las noches parisienses iluminadas por la luna o en caminatas por la playa al atardecer.

Nadie nos dice que los más grandes momentos en la vida son transitorios, no son planeados y casi siempre nos toman por sorpresa.

Hace poco, le estaba leyendo un cuento a mi hija de siete años, Annie, cuando advertí su mirada fija. Me contemplaba con una expresión lejana, como en un trance. Al parecer, terminar *El cuento de Samuel Bigotes* no era tan importante como habíamos creído.

Le pregunté en qué pensaba.

"Mamá—susurró—, no puedo dejar de mirar tu cara tan bella".

Casi me derrito.

Annie no podía siquiera imaginar cuánto me ayudarían sus palabras sinceras y amorosas en los momentos difíciles durante los años venideros.

Poco tiempo después, llevé a mi hijo de cuatro años a una elegante tienda, donde las notas melodiosas de una canción de amor clásica nos atrajeron hacia el lugar donde un músico en smoking tocaba un piano de cola. Sam y yo nos sentamos en una banca de mármol cerca de él, quien parecía tan anonadado como yo con la armoniosa pieza que estaba interpretando.

No advertí que el pequeño Sam se encontraba de pie a mi lado hasta que se volvió, tomó mi rostro entre sus pequeñas manos y me dijo: "Baila conmigo".

Si sólo aquellas mujeres que se pasean bajo la luna de París supieran cuánta alegría produce una invitación hecha por un niño de mejillas sonrosadas y franca sonrisa. Aun cuando los transeúntes que nos rodeaban nos miraban asombrados y nos señalaban mientras nos deslizábamos y girábamos, por todo el atrio no hubiera cambiado ese momento ni por todo el oro del mundo.

Jean Harper

El pronóstico

Una joven madre a quien le habían diagnosticado una forma de cáncer tratable regresó a casa del hospital, sintiéndose incómoda por su apariencia física y la pérdida del cabello ocasionada por las radiaciones. Cuando se instaló en una de las sillas de la cocina, su hijo apareció silenciosamente en el umbral, estudiándola con curiosidad. Cuando su madre comenzó el discurso que había preparado para ayudarle a comprender lo que veía, el niño vino corriendo, se acomodó en su regazo, puso su cabeza contra su pecho y se aferró a ella. Su madre decía en ese momento: "Y dentro de un tiempo, ojalá pronto, luciré como antes y entonces estaré mejor".

El niño se enderezó pensativo. Con la franqueza de sus seis años, respondió sencillamente: "Diferente cabello, el mismo corazón".

Su madre ya no tuvo que esperar un tiempo para sentirse mejor. Ya estaba mejor.

Rochelle M. Pennington

La cena familiar

Contemplé a mis gemelos adolescentes y quise llorar. Él llevaba pantalones anchos, el cabello color naranja y aretes. Ella llevaba un aro en la nariz, un tatuaje artificial y uñas de tres pulgadas. Era la Pascua y nos dirigíamos a cenar . . . adonde unos familiares . . . a celebrar.

¿Qué diría la familia? Podía imaginar las murmuraciones de sus tías y tíos, las miradas de desaprobación, los chasquidos y las sacudidas de cabeza. Habría podido comenzar una discusión allí mismo, en la puerta, antes de salir. Hubiera podido amenazar, burlarme y reñir. Pero ¿y eso qué? Sabía que no deseaba una pelea ni decir palabras duras aquel día.

Hubiera sido más sencillo si sólo tuvieran nueve años. "¡Regresen a su habitación y vístanse decentemente!", les habría dicho. Pero tenían dieciséis años y lo que llevaban puesto—para ellos—era decente.

Y entonces partimos. Estaba preparada para las miradas, pero no las hubo. Estaba preparada para las murmuraciones, y tampoco las hubo. Mis hijos se sentaron (aun cuando lucían un poco extraños) en la mesa con otras veinte personas. Se sentaron al lado de los rostros impecables de sus primos. Participaron en la celebración y entonaron los cánticos de la fiesta. Mi hijo ayudó a leer a los pequeños. Mi hija ayudó a levantar los platos. Rieron y bromearon y ayudaron a servir el café a los mayores.

Mientras contemplaba sus bellos rostros, comprendí que no me importaba lo que pensaran los demás, porque yo pensaba que eran maravillosos, transmitían nuestra tradición con entusiasmo y con amor, y lo hacían espontáneamente—con el corazón.

Sentada a la mesa, los estudiaba. Sabía que los pantalones anchos, el color del cabello y los tatuajes artificiales eran sólo una manifestación de quienes eran ellos por el momento. Esto cambiaría con el tiempo. Pero su participación en las tradiciones de nuestras fiestas y la intimidad de nuestra familia estaría con ellos para siempre. A medida que crecían, yo sabía que esto nunca cambiaría.

Pronto acabaría la celebración de la Pascua. La música estridente, los amigos y el caos luego volverían a ser parte de nuestras vidas. No quería que una noche tan especial terminara, pues son momentos inolvidables que a nosotras, las madres, nos arrebatan el alma. Creo que no importa la edad que tengan nuestros hijos, algunas veces basta una ligera sonrisa o una simple mirada para engendrar en nosotros aquel sentimiento de amor absoluto.

Observaba a mis hijos y sentía su paz y felicidad. En aquel momento, quise saltar y abrazarlos. Quería decirles que pensaba que eran unos chicos maravillosos. Pero no lo hice. En aquel momento, quería acercarme y pellizcar sus mejillas como lo hacía cuando tenían nueve años, y decirles que eran hermosos. Pero no lo hice. Permanecí en mi lugar, canté y cené y hablé con los demás.

Más tarde, camino a casa, se lo diría. En privado, les diría cuánto significó para mí su presencia en la cena. Les diría cuán maravillosos eran y cuán orgullosa me sentía de ser su madre. Más tarde, cuando estuviéramos a solas, les diría cuánto los amo. Y lo hice.

Shari Cohen

Mi hija, mi maestra

Los niños inventan el mundo de nuevo para nosotros.

Susan Sarandon

Los niños nos enseñan algo todos los días. Como madre, he aprendido que es algo natural. Sin embargo, a veces me sorprende el alcance de lo que me enseña mi hija.

Cuando Marissa tenía seis meses, parecía que siempre mirara hacia arriba. Cuando miré hacia arriba con ella, aprendí la magia de las hojas danzando en los árboles y el tremendo tamaño de la cola de un jet. A los ocho meses siempre miraba hacia abajo. Aprendí que cada piedra es diferente, que las ranuras de la acera forman intrincados dibujos y que las briznas de hierba vienen en una variedad de verdes.

Cuando llegó a los once meses comenzó a decir "¡Oh!" cada vez que descubría algo nuevo y maravilloso para ella, como el surtido de juguetes que encontró en el consultorio del pediatra o vio cómo se reunían las nubes antes de una tormenta. Susurraba esta palabra cuando algo realmente la impresionaba, como sentir la brisa fresca en el rostro o una bandada de gansos graznando en el cielo. Luego estaba el "¡Oh!" máximo, cuando sin decir palabra mostraba su asombro ante acontecimientos realmente maravillosos. Estos incluían el atardecer sobre el lago en un día magnífico en las afueras de la ciudad y los fuegos artificiales de la Navidad.

Me ha enseñado muchas maneras de decir "Te amo". Lo expresó bien una mañana cuando tenía catorce meses. Nos dimos un abrazo, puso su cabeza en mi hombro y, con un suspiro de felicidad, dijo "¡Feliz!" Otro día (tres haber cumplido su regundo año), me señaló a una bella modelo en la portada de una revista y dijo, "¿Eres tú, mamá? Más recientemente, a los tres años de edad, entró en la cocina cuando limpiaba después de la cena y dijo "¿Puedo ayudarte?" Poco después, puso su mano en mi brazo y dijo: "Mamá, si fueras una niña, seríamos amigas".

En momentos como esos, lo único que puedo hacer es maravillarme.

Janet S. Meyer

El ramo de claveles

El señor Kobb envolvió la docena de claveles en un plástico, con algunas ramas verdes y pequeñas flores blancas. Incluso tuvo la gentileza de poner un lazo en el regalo que le llevaba a mi madre.

"¿Cómo vas a llevarlas a casa, Ernie?", me preguntó.

"Las llevo conmigo".

"¿Y vas a ir en tu bicicleta con este tiempo?"

Ambos miramos por la ventana de la tienda para ver cómo se inclinaban los árboles sobre la acera. Había un viento desagradable. Asentí con la cabeza.

"¿Quieres que empaque el ramo en una bolsa más fuerte?" Tomó las flores y las enrolló en varias capas de papel marrón grueso. Al entregarme el ramo, me deseó buena suerte.

"Gracias", le dije. Coloqué el ramo en la parte delantera de mi chaqueta y la abroché tanto como pude. Los pétalos me hacían cosquillas en el cuello y la barbilla, pero no creo que pudieran durar mucho si trataba de llevarlas en la mano con la que sostenía el manubrio. No sé mucho acerca de flores, pero sé que mamá merece más que un ramo de tallos rotos.

Aquel día el viento era muy fuerte; conducir contra él no era fácil. A pesar de pedalear con fuerza, sujetar bien el manubrio, resollar constantemente y soportar el viento en mi cara, cada vez que levantaba la mirada, me encontraba al frente de la misma tienda, en la misma calle, o al menos eso me parecía.

Se me taparon las narices, pero no tenía pañuelo para limpiarme. Mis labios no tardaron en agrietarse y me dolían mucho los oídos, era como si alguien me estuviera enterrando agujas en el tímpano. Mis ojos estaban tan secos que no podía parpadear, y todos los músculos de mi cuerpo se resintieron.

A medida que caía la tarde la autopista se llenaba de autos. El viento me sacó de mi pista y me arrojó a la calle con tal fuerza que temí que me atropellaran. Un camionero desvió e hizo sonar su bocina para evitarme. Un hombre que conducía un Cadillac gritó por la ventana que me fuera y no estorbara.

Ya estaba oscuro cuando finalmente me aproximé al barrio donde vivimos. Mis padres debían estar terriblemente preocupados para entonces. Buscaba con la mirada el automóvil de mi padre o la camioneta de mi madre. "Deben estar buscándome. En cualquier momento pasarán a mi lado y me conducirán en su auto, con la bicicleta y las flores, para llevarme a casa cómodo y caliente", pensaba. Cuanto más tiempo pasaba sin ver las luces de ninguno de los dos autos, más enojado me sentía. Sólo estaba haciendo ese estúpido viaje en bicicleta por mi madre. Lo menos que podía hacer era salvarme la vida.

A cuatro cuadras de mi casa, agotado, me detuve y saqué las flores de mi chaqueta. Pensaba tirarlas al viento. Mamá ya no las merecía.

Lo que me detuvo fue contemplar los claveles blancos. Estaban tan frescos como cuando los había comprado, y las ramas con flores blancas estaban un poco ajadas pero completas; el ramo lucía aún muy bello. Tanto trabajo para traerlo hasta aquí... sería una tontería perderlo ahora.

Puse los tallos envueltos en mi boca y conduje la bicicleta muy lentamente, para que el viento no estropeara las flores. Pronto empecé a bajar la pendiente que lleva a mi casa. Mantuve los pies quietos en los pedales, y con las manos me así al freno del manubrio. Con el viento a la espalda, las casas de los vecinos se veían como una enorme mancha cuando pasé a su lado como una bala. Traté de frenar y desviar hacia la entrada de mi casa.

La bicicleta resbaló y cayó. Aterricé al menos tres pies más lejos luego de deslizarme por toda la entrada, cuando con mi cabeza toqué el borde del jardin. Las flores se esparcieron por el césped. Los pétalos se rompieron y volaron como confeti.

Sin preocuparme por las raspaduras, corrí por el jardín para recoger lo que pudiera del ramo de mamá. Cuando logré reunir los seis tallos, poco quedaba de las partes bonitas. Con torpeza, até de nuevo el lazo.

Mamá acudió corriendo a la puerta, alarmada por el estruendo del golpe. Oculté las flores detrás de mí.

"¿Estás bien?", preguntó, mirando mi rostro con atención para ver si mis heridas eran graves.

"Estoy bien", respondí, a pesar del nudo que se me formaba en la garganta.

"¿Estás seguro? ¿Por qué escondes tus manos?"

"Mis manos están muy bien. ¿Ves?" Descubrí el desastre que fue alguna vez un ramo de flores. "Te compraré otra cosa", murmuré mientras rompía a llorar.

Mamá tomó las flores, que aún sostenía yo en las manos, y las olió durante largo rato.

"Me fascinan. ¡Gracias!", dijo, con lágrimas en los ojos.

Entonces recordé por qué se las había comprado. Era más que el Día de la Madre; era porque siempre sabía mostrarme cuánto me amaba, ante cualquier circunstancia. Las flores estaban muertas, pero en las manos de mamá lucían vivas y bellas.

Ernie Gilbert
Relatado a Donna Getzinger

Nuestra vida puede cambiar en un segundo

En lo que respecta a Will, los pantalones de dril azul estaban totalmente fuera de onda para usarlos en el colegio. El quería ponerse los jeans desteñidos que estaban sin lavar en el canasto de la ropa sucia. Esa mañana discutimos cuando insistí en que debía usar los pantalones limpios, y resentido, salió corriendo a tomar el bus de la escuela, sin darnos nuestro habitual abrazo de despedida. Yo me sentía un poco molesta de que nos hubiéramos separado enojados, no obstante, me enorgullecía la firmeza de carácter que demostraba tener mi hijo de sólo diez años de edad.

Se hacía tarde; ya eran las 7:20 de la mañana y tenía que estar en mi oficina temprano para asistir a una reunión. Me bañé y me estaba secando cuando escuché que llamaban a la puerta. Me puse la ropa deportiva que me acababa de quitar y, con el cabello mojado, abrí vacilando la puerta. Sentí que algo malo había ocurrido.

Una niña atemorizada y con los ojos muy abiertos me anunció sin aliento que a Will lo había atropellado un camión. Era como si una estaca de pronto me hubiera atravesado el corazón. Permanecí allí, petrificada, hasta que algo en mi interior me hizo correr hacia el paradero del bus. Me encontraba a medio camino cuando lo vi tendido sin vida en la calle. El terror de lo que podría encontrar hizo que momentáneamente aminorara el paso. Luego escuché que Will me llamaba, y su voz hizo que corriera más velozmente que nunca. Estaba tendido boca abajo en la calle, la caja de la trompeta a su lado, cubierto con una manta—la manera de ayudar de un vecino compasivo.

El aire estaba frío aquel día, y los rayos del sol caían intensamente sobre el lugar. Fue aquel sol enceguecedor lo que contribuyó al accidente, ocasionado por un muchacho de dieciséis años que conducía una camioneta. Tomó sólo un segundo, un leve movimiento, y Will fue atropellado por la camioneta a una velocidad de 32 kilómetros por hora. Al parecer, el impacto lo lanzó por los aires y aterrizó a cierta distancia de allí, sobre sus rodillas y la caja de la trompeta. En ese instante, di gracias a Dios por los entrenamientos de fútbol, donde le habían enseñado a caer sin lastimarse y también, por llevar el estuche de la trompeta, lo cual había impedido que se golpeara la cabeza.

Will estaba consciente; me hablaba y hacía pequeñas bromas para tranquilizarme. Yo estaba aterrorizada, pero sabía que debía mostrarme positiva y fuerte. Me di cuenta de que hubiera podido perderlo en un abrir y cerrar de ojos; no obstante, por alguna razón desconocida, estaba tendido allí, contándome anécdotas.

Escuché las sirenas del equipo de emergencia de los bomberos y las de la ambulancia que venía detrás. El examen inicial no mostró lesiones en la cabeza, la espalda ni los brazos. Un bombero estaba cortando con cuidado los pantalones para cerciorarse de que no tenía ningún hueso roto cuando Will dijo, alegremente, que al parecer nunca

podría volver a usar esos jeans. Reí y supe instintiva-
mente, mientras subíamos a la ambulancia, que todo
estaría bien.

Will tuvo mucha suerte—yo tuve mucha suerte. Según
el oficial de policía, era un milagro que Will no se hubiera
lesionado gravemente o que hubiera muerto. Aquel día
cuando llegamos a casa, hablamos y lloramos por muchas
cosas: acordamos ser más precavidos, nunca dejar a una
persona que quieres cuando estás enojado y comprendi-
mos la importancia que tiene vivir en el "presente" y valo-
rar la vida.

Mientras Will descansaba, lavé los jeans desteñidos y
me aferré a ellos sollozando. Me abrumada el hecho de
pensar que nuestra vida podría cambiar para siempre en
menos de un segundo. El accidente ocurrió hace siete
años, pero cada vez que necesito una cuota de realismo en
mi vida o algo que me haga recordar cuán preciosos son
los momentos que compartimos, saco y miro aquellos
pantalones de mi hijo tan exquisitamente recortados.

Daryl Ott Underhill

Encontrarla allí

Cada año, mi cumpleaños seguía el mismo ritual. Mi madre venía a verme, aquel día de otoño y cuando abría la puerta, la encontraba parada en el umbral sobre un montón de hojas secas que el viento arrastraba hasta la grada. Por lo general era un día frío, y ella siempre se presentaba con un regalo de cumpleaños bajo el brazo, algo pequeño y precioso que hacía tiempo necesitaba, algo que no sabía que me hacía falta.

Entonces abría el regalo con gran cuidado, y luego lo guardaba junto con mis tesoros más preciados, pues para mí los obsequios más frágiles son aquéllos que vienen de la mano de una madre.

Si mamá pudiera visitarme hoy en mi cumpleaños, la traería al calor de mi cocina, tomaríamos una taza de té y contemplaríamos las hojas chocar con la fuerza del viento contra nuestra ventana.

No tendría prisa en desenvolver mi regalo, porque hoy sabría que ya lo había abierto al verla en el umbral de la puerta con su dulce y amorosa sonrisa, parada sobre un montón de hojas secas . . .

Christina Keenan

7

MILAGROS

*L*os milagros son instantáneos y no pueden
invocarse; suceden espontáneamente, por lo
general en los momentos menos probables y
a quienes menos los esperan . . .

Katherine A. Porter

Un ángel en uniforme

Donde hay un gran amor, siempre hay milagros.

Willa Cather

Ésta es una historia de familia que me contó mi padre acerca de su madre, mi abuela.

En 1949 mi padre acababa de regresar de la guerra. En todas las autopistas estadounidenses se veían soldados en uniforme que buscaban transporte para llegar a casa, como era costumbre en aquella época.

Tristemente, la emoción del encuentro con su familia pronto se vio ensombrecida. Mi abuela enfermó gravemente y tuvo que ser hospitalizada. Eran sus riñones, y los médicos le dijeron a mi padre que necesitaba una transfusión de sangre de inmediato; de lo contrario, no pasaría de aquella noche. El problema era que su tipo de sangre era AB-, un tipo de sangre muy poco común incluso hoy día, pero aún más difícil de encontrar porque en esa época no había bancos de sangre ni vuelos para enviarla. Se examinó a todos los miembros de la familia, pero ninguno tenía el tipo requerido. Los médicos no daban ninguna esperanza; mi abuela se moría.

Bañado en lágrimas, mi padre salió del hospital para ir en busca de la familia, para que todos tuvieran la oportunidad de despedirse de la abuela. Cuando conducía por la autopista, se cruzó con un soldado en uniforme que pedía transporte para llegar a casa. Profundamente triste, mi padre no sentía en aquel momento el deseo de hacer una buena obra. Sin embargo, fue casi como si algo ajeno a él lo obligara, se detuvo y aguardó mientras el extraño subía al auto.

Mi padre estaba demasiado perturbado para preguntarle su nombre, pero el soldado advirtió de inmediato las lágrimas de mi padre y averiguó el motivo. Mi padre le contó a aquel completo extraño que su madre estaba muriendo en ese momento en el hospital porque había sido imposible encontrar su tipo de sangre, AB-, y que, de no encontrarlo antes de la noche, seguramente moriría.

Hubo un gran silencio en el auto. Luego el soldado no identificado le extendió la mano a mi padre, con la palma hacia arriba. En la palma de su mano estaba la identificación que llevaba alrededor del cuello. El tipo de sangre indicado en ella era AB-. El soldado le dijo a mi padre que regresaran de inmediato al hospital.

Mi abuela vivió hasta 1996, cuarenta y siete años más, y hasta la fecha nadie en la familia conoce el nombre del soldado. Pero mi padre se pregunta a menudo: ¿Fue realmente un soldado, o un ángel en uniforme?

Jeannie Ecke Sowell

Adoptar un sueño

Antes de que Richard y yo nos casáramos, acordamos que el nombre de nuestro primer hijo sería Michael, si era un niño, o Michelle, si era niña. Lo habíamos planeado todo. Dos años más tarde, Richard recibió su diploma universitario. Era hora de hacer realidad nuestro sueño de tener una familia.

Durante los dos años siguientes, rezamos para que yo quedara embarazada. Mes tras mes me llenaba de desilusión, hasta que un día, en la primavera de 1985, estaba tan segura de estar embarazada que pedí una cita al médico.

Con una sonrisa, me dijo que estaba embarazada.

Hubiera querido bailar. La fecha de nacimiento del bebé había sido pronosticada para la primera semana del noviembre, alrededor del día 3.

Los preparativos nos ocuparon las seis semanas siguientes. Hicimos todo con excepción de publicar un aviso en los diarios. Richard comenzó a preparar la habitación de nuestro hijo.

Mi esposo y yo tratábamos de imaginarnos a quién se

iba a parecer nuestro futuro hijo. Ineludiblemente, todos mis pensamientos giraban en torno al bebé que estaba creciendeo dentro de mí.

En mi tercera consulta el médico dijo que estaba preocupado porque no habíamos escuchado el latido del corazón del bebé.

Media hora después lloré en su consultorio cuando me confirmó que el examen de sangre no mostraba ningún signo de que hubiera estado embarazada.

"Un falso embarazo—dijo—. Su mente lo deseaba tanto, que su organismo lo creyó".

Michael o Michelle no existía. No había un bebé por quien llorar y, sin embargo, estábamos en duelo.

Así comenzaron casi diez años de pruebas de fertilidad y de ver como nuestros amigos y hermanos tenían sus hijos. Me esforzaba por sonreír cuando hablaban de sus niños.

Más pruebas de embarazo. Más esperas y rezos. Más resultados negativos. Siempre era lo mismo. El sueño moría una y otra vez.

Nos concentramos en nuestro trabajo—Richard en sus clases y yo en mi literatura. A pesar de todo, nuestro deseo de tener un hijo era muy fuerte, por lo cual en 1992 asistimos a un curso de orientación sobre la adopción.

Con la mirada recorrí aquella sala llena de parejas ansiosas. ¿Sería posible que nuestro sueño se convirtiera algún día en realidad? No quería volver a ilusionarme en vano.

"Ésta es nuestra oportunidad", susurró Richard a mi oído.

Y así comenzamos las clases obligatorias para los padres.

Todos los lunes en la noche, durante diez semanas, escuchamos, pusimos en escena pequeñas dramatizaciones y reflexionamos acerca de las alegrías y dificultades de ser padres de estos niños que necesitaban un nuevo hogar.

Con todo el trabajo vino la alegría de los preparativos. ¿Cuánto tardaría en llegar nuestro hijo? ¿Vendría con problemas emocionales? ¿Cuánto tiempo tardaríamos en establecer una buena relación? ¿Se parecería al que habíamos imaginado hace tanto tiempo?

Nuevamente preparamos su habitación. ¿Sería para un bebé o para un niño más grande? Había tantos planes por hacer y, sin embargo, tan poca información para guiarnos. Con amor, ponía frascos de loción y talcos, baberos y libros en los cajones de su cómoda.

Solía sentarme en el suelo de esa habitación y soñar con el niño que dormiría y jugaría allí. Compré algunos juguetes y animales de felpa, que aguardaban con paciencia a que unas pequeñas manos los sostuvieran.

Luego, el 3 de noviembre de 1993, timbró el teléfono y cambió nuestra vida.

"Kathy, ¿hay algo que estés esperando para la Navidad?", preguntó nuestra trabajadora social.

Casi podía escuchar su sonrisa. Me aferré al teléfono y le respondí que sí.

"Pues bien, tengo buenas noticias".

Me habló acerca de una niña de ocho meses, ¡un bebé al fin! ¿Despertaría y descubriría que era sólo otro sueño?

"Su nombre es Theresa Michelle, pero sus padres sustitutos la llaman Michelle", dijo.

Quedé atónita. Ocho años atrás, habíamos soñado con nuestra Michelle. Luego recordé. Su nacimiento estaba programado para un 3 de noviembre. Si hubiese tenido aquel bebé en noviembre de 1985, "alrededor del 3", como el doctor había dicho, ahora sería nada menos que una niña de 8 años de edad. Qué maravilloso había sido Dios con nosotros: había escuchado nuestros ruegos.

Traté de imaginar cómo sería abrazar a esa niña.

Dos semanas más tarde, iniciamos los tres primeros días de visita como sus futuros padres. La miré a la cara y ella me tendió sus brazos. La sujeté contra mi pecho y sentí el aroma a talco y a leche de debé, tan dulce como el perfume de una rosa. Nuestra Michelle finalmente había llegado.

El 23 de noviembre, ella vino a vivir en nuestra casa y a quedarse en nuestros corazones, y cada vez más crece nuestro amor por ella. Ahora, una niña de casi cuatro años, le fascina que le cuente cómo fue la adopción, la espera y lo mucho que anhelamos tenerala.

No abandonemos nuestros sueños y esperanzas. Vimos cómo el nuestro renació, y ahora nos llama Mamá y Papá.

Kathryn Lay

Reunión de madre e hijo

Hasta abril pasado, Kellie Forbes y Shauna Bradley no se conocían y nunca habían hablado. Sus esposos trabajaban en compañías diferentes y sus hijos asistían a colegios diferentes. Ahora, cuando se preparan para celebrar su primera Navidad juntas, lo único que lamentan es no haberse conocido antes. Durante más de catorce años, estas dos mujeres, provenientes de Utah, habían compartido, sin saberlo, un vínculo tan fuerte como un vínculo de sangre; sin embargo, sólo a través de las circunstancias más improbables descubrieron exactamente cuál era. Llámenlo azar o destino—o, si prefieren, milagro.

En 1992, la vida de Kellie era bastante sombría; tres miembros de su familia habían muerto. Luego, justo después de mudarse a una nueva casa, ella y su esposo habían sido despedidos de su trabajo. Tantos problemas la habían dejado agobiada y deprimida.

La compañía para la que había trabajado ofreció unas sesiones de orientación con la psicoterapeuta Shauna Bradley para las personas que se habían quedado sin empleo. Shauna no pudo dejar de advertir el asombroso parecido de su paciente con su hijo, Jake, a quien había adoptado cuando era un bebé. Encontraba que los hoyuelos, las pecas, el cabello oscuro y los ojos castaños de Kellie eran exactamente como los de Jake. Sin embargo, descartó el asunto pensando que cualquier parecido no era más que una extraña coincidencia del destino. Durante la segunda sesión, Shauna le preguntó a Kellie acerca de sus planes para el futuro. Kellie le respondió que quería escribir un libro sobre su experiencia con la adopción. Cuando era una adolescente, le dijo a Shauna, había dado en adopción a su bebé a una pareja a la que nunca había conocido. Luego se casó y tuvo tres hijos más, pero nunca dejó de pensar en su primer hijo, quien pronto cumpliría catorce años. Pensaba que escribir acerca de su experiencia podía ayudar a otras jóvenes.

La actitud de Kellie impresionó a Shauna. Sabía que le alegraría conocer a la madre natural de su propio hijo si fuera como Kellie. Le dijo a Kellie que ella era una madre adoptiva y que, por esta razón, el tema la conmovía mucho.

Agradecida por haber hallado a alguien compasivo que la escuchara, Kellie le habló emocionada de lo único que lamentaba: no le habían permitido abrazar a su hijo antes de entregarlo. Cuando Shauna le preguntó el motivo, replicó: "Kanab es un pueblo pequeño, y así era como hacían las cosas allá" (se refería a un pueblo a muchos kilómetros de donde había crecido).

Asombrada, Shauna dejó caer su libreta de notas. Su hijo había nacido en Kanab, catorce años atrás. "¿Dijiste Kanab?", exclamó. Kellie, cautelosamente, respondió que sí.

De repente, Shauna sintió que no podía respirar, como si alguien la hubiera golpeado en el estómago. Empezó a inhalar con gran agitación, tiritaba, y tapándose la boca con sus manos temblorosas, repetía, "¡Oh, Dios mío! ¡Oh, Dios mío!"

Kelly habló con lentitud. "¿Usted lo tiene?"

Shauna asintió: "Creo que sí".

Por turnos, compartieron sus historias. Kellie le contó a Shauna que cuando era una adolescente sentía que sus compañeros de colegio la ridiculizaban, por lo que accedió a tener relaciones íntimas con su novio en un desesperado intento por ganarse la aceptación del grupo.

El resultado fue un embarazo inesperado cuando Kellie tenía dieciocho. Rompió con su novio poco después que se confirmó el embarazo y decidió dar a su bebé en adopción. Cuando se seleccionó a los futuros padres de su bebé, lo único que supo Kellie fue su edad, descripción y formación religiosa y académica.

Jim y Shauna Bradley habían estado casados durante cuatro años cuando solicitaron a un bebé en adopción después de "una cantidad de pruebas de fertilidad". Un año más tarde, fueron seleccionados para ser padres de un bebé de Kanab. Tres días después de nacido, Jake fue llevado a casa de los Bradley. Ellos le hablaron a Jake de su adopción en cuanto tuvo edad para comprenderlo, e insistieron en que su madre lo había entregado porque lo amaba. El día de su cumpleaños, Shauna solía decirle, "Tú sabes quién está pensando en ti hoy".

En la oficina de la psicoterapeuta, Kellie no sabía si alegrarse o entristecerse. Después de todo lo que había soportado el año anterior, sentía que no podía arriesgarse a tener otra amarga desilusión si aquella mujer no era la madre de su hijo.

Kellie comenzó: "Su fecha de nacimiento es…"

"Junio 29 de 1980".

"Y el abogado era…"

"Mike McGuire—respondió Shauna—. ¿Y tu apellido de soltera es Robinson?"

Sumamente conmovida, Kellie asintió con la cabeza. Lo imposible había sucedido.

"Las probabilidades de que nos encontráramos así no existen", dijo Shauna. Las dos mujeres continuaron hablando mucho después de que terminó la cita. Shauna le dijo a Kellie que deseaba esperar hasta que Jake cumpliera los dieciocho años para hablarle de ella, pues creía que podía manejar mejor la noticia como un adulto. Kellie, feliz de saber que su hijo tenía un hogar donde lo amaban, estuvo de acuerdo.

Aquella noche, Jim Bradley advirtió que su esposa estaba muy entusiasmada, como si hubiese tenido el mejor día de trabajo de su vida. Cuando sus hijos se fueron a dormir, descubrió la razón de la felicidad de Shauna y compartió su entusiasmo.

Durante los días siguientes, Kellie y su esposo, Thayne, siguiendo los consejos de un experto, decidieron contarles a sus hijos acerca de aquel asombroso encuentro. Ellos ya sabían que tenían un medio hermano que había sido adoptado. Con gran entusiasmo, preguntaron cuándo podrían conocer a Jake.

Entre tanto, los Bradley experimentaban su propio dilema. Sopesando las alternativas, concluyeron que Jake era un muchacho bastante maduro y que podrían contárselo ahora. Sentían que si le ocultaban la verdad era probable que perdieran su confianza. Si se lo decían, Jake podía hacerse a la idea de conocer a su madre biológica, y ellos podrían servirle de apoyo en esta situación.

Cuando Kellie supo que los Bradley deseaban decírselo a Jake tan pronto como fuese posible, fue ella quien se angustió. "Por favor, no se lo digan por creer que yo deseo que lo hagan", insistió. Ahora estaba aprensiva. ¿Y si no llenaba las expectativas de Jake?

Una mañana, Shauna y Jim entraron en la habitación de Jake y lo despertaron. Shauna le dijo: "Jake, ha sucedido la cosa más sorprendente del mundo. Estaba atendiendo a una mujer en mi consultorio y descubrimos que mi paciente es tu madre biológica".

Jake sonrió, y les preguntó: "¿Y cómo es? ¿Cuándo voy a conocerla?" Su madre le dio una fotografía de Kellie. Maravillado, corrió a enseñarle la fotografía a su abuela.

Cuando Shauna llamó a Kellie para decirle que ya habían hablado con Jake y que los invitaban a cenar, aceptó de inmediato.

Kellie fue la primera en llegar al restaurante, e intentó controlar sus emociones. Jim, quien venía directamente de su oficina, llegó después. Más tarde llegaron Shauna y Jake. Antes de que hubiera estacionado el auto, Jake saltó y le ofreció una bella violeta.

La voz de Kellie temblaba: "Tengo que abrazarte, ¡he esperado tanto tiempo este momento!" Cuando se abrazaron, los ojos de Jake se llenaron de lágrimas y se volvió hacia su madre. Shauna lo animó. "Está bien que te sientas emocionado, cariño. ¡Es un momento muy importante!"

En el restaurante, Jake, entusiasmado, le contó a Kellie acerca de sus aficiones y actividades. Se sentía feliz de que su madre biológica compartiera su amor por la música y de que su talento para reparar las cosas viniera del padre de Kellie, un mecánico.

Tanto la madre como el hijo lloraron cuando Kellie pronunció las palabras que siempre había anhelado decirle. "Sabía que había tantas cosas que no podía hacer por ti. Quería que tuvieras un hogar, una mamá y un papá. Aun cuando sabía que estaba haciendo lo correcto al entregarte en adopción, para mí fue verdaderamente difícil".

Después de este afortunado primer encuentro, Shauna y Kellie reunieron a todos sus hijos. "Nuestros hijos se comportaban como si se hubieran conocido hace largo tiempo", dice Kellie.

Hoy en día, Shauna y Kellie hablan con frecuencia,

asombradas todavía por la extraordinaria coincidencia que las reunió. "Me alegro tanto por Jake—dice Shauna—. Ha encontrado una pieza del rompecabezas de su vida". Y Kellie agrega: "Estoy feliz de que Jake tenga la familia que tiene—han superado con creces todas mis expectativas".

Carolyn Campbell
Extractado de Woman's World Magazine

8

DESPRENDIÉNDOSE

Lo que sale de la fuente regresa de nuevo a la fuente.

Henry Wadsworth Longfellow

Celebrando a mi madre

Cuando dejé de ver a mi madre con los ojos de una niña, vi a la mujer que me había ayudado a dar a luz a mi propio ser.

Nancy Friday

Hace casi cinco años, durante la celebración de sus ochenta años, mi madre, que se sentía muy bien y se veía maravillosamente, cerró los ojos y murió en la sala de mi casa.

Su muerte no tenía sentido para mí y, durante un año, pasé el tiempo sondeando las dimensiones del vacío que su muerte dejó en mi mundo.

Para mí había sido un ideal, ciertamente más que las madres de otras personas. Solía asomarse por la ventana del auto para sermonear a los grupos de adolescentes que fumaban y explicarles el daño que ocasiona el tabaco. Si nos sorprendía mirando alguna película de danza extranjera, refunfuñaba y nos preguntaba acerca de los bailarines que aparecían en la pantalla: "¿Por qué no están esos niños jugando afuera?"

Era apasionada y divertida. Era valiente y honesta.

Pero, ante todo, era compasiva. Durante treinta años, ella y mi tía Grace habían dirigido un compamento de verano para niñas y lo que más le complacía era ver a los jóvenes crecer seguros y felices. Se casó tarde en la vida y luego sufrió al ver que su matrimonio se disolvía rápidamente. Pero crió a sus dos hijas con alegría y sin mirar hacia atrás. Nos sentíamos seguras con ella; nos sentíamos amadas. "Tengan cuidado con lo que piden en sus plegarias—nos dijo una vez—. De adulta siempre le pedí a Dios que me diera hijos—hacía una pausa, para enfatizar—. Nunca pedí un hombre". Y le brillaban los ojos.

Un mes antes de cumplir los ochenta años, mi hermana, Nan, y yo, habíamos hablado con nuestros esposos acerca del gran acontecimiento. "En lugar de celebrar en octubre—había sugerido una de nosotras—, ¿por qué no lo celebramos en diciembre, cuando puede reunirse toda la familia en Nueva Inglaterra? ¿Qué tal el 20?"

Con cerca de ocho semanas de anticipación, enviamos las invitaciones. Dentro de ellas había una fotografía de mamá cuando era bebé, con la leyenda, "¿Qué fue de esta preciosa nena que era tan buena, dulce y ordenada durante sus *primeros* años de vida?" Al reverso había una fotografía reciente, donde lucía una enorme sonrisa. "Para una inspección más detallada—proseguía la invitación—, vengan a celebrar sus ochenta años".

El verdadero día de su cumpleaños, el veintiséis de octubre, mi hermana le envió un anillo de abuela, con la piedra de nacimiento de cada uno de sus nietos; esto le fascinó. Yo le regalé un reloj de números grandes, especialmente para su vista deteriorada, y una chaqueta con cuello mandarín, hecha en la China, que apartó de inmediato. "La usaré para mi fiesta en diciembre", afirmó muy complacida.

Pasaron octubre y noviembre; el 20 se acercaba. Nan y su familia viajaron desde la Florida. La fiesta tendría lugar en mi casa, y la mañana del gran día todos nos levantamos temprano. Hablábamos y reíamos entusiasmados mientras brillábamos las cosas de plata, sacábamos el cristal y hacíamos el ponche. Había nevado durante la noche, lo cual le añadía a todo un toque de magia.

Poco antes de la dos, mi hermana llamó a mamá para decirle que yo ya había salido a buscarla. "Me siento como una novia", dijo a Nan por teléfono. También parecía una novia, vestida con su chaqueta china de cuello mandarín. Su rostro resplandecía.

Cuando llegamos a casa, al entrar en la sala, todos se volvieron hacia ella y aplaudieron. "Oh", exclamó, inclinando la cabeza, con una mezcla de modestia y de fuerte emoción.

Llegó el momento de cortar la torta y de felicitar oficialmente a esta matrona de la familia. Nos reunimos en el comedor. Durante el brindis, leí dos documentos que ella y yo habíamos desenterrado recientemente de las profundidades de su escritorio. Habían sido escritos por su padre—el abuelo de casi todos los que nos encontrábamos allí—, quien había muerto hacía más de treinta años.

Uno consistía en una serie de sobres pequeños conservados en una bolsa de cuero, rotulada, con su pequeña y precisa mano, "La cuenta de Carolina a Través de los Años". Cada sobre había contenido alguna vez cinco dólares, para señalar un momento importante de su vida (el primero "por aprender a gatear y a caminar, y comer con su cuchara", el segundo era "por su primer día de escuela", y así sucesivamente).

El segundo era una carta que él le había enviado a la universidad la víspera de sus veinte años. "Qué maravilla debe de ser tener veinte años", escribió. "A esa edad, yo estaba lleno de esperanza y valor, los cuales, gracias a Dios, nunca me han abandonado . . . Tenía buena salud y no temía medirme con nadie. Pero nunca soñé entonces que en aquel ni en ningún otro año tendría una hija tan maravillosa como tú..."

Mientras leía, las lágrimas rodaban por las mejillas de mamá. Terminé el brindis y levantamos las copas. Mamá se volvió hacia su hermana y dijo: "Oh, Grace. ¿Lo sentiste? Era como si estuviera *aquí con nosotros*". Pues bien, quizás estaba ahí. Pues veinte minutos más tarde, nos dejó para reunirse con él. Estaba sentada en su sillón predilecto, conversando y con un plato de bizcochos en el regazo. Luego cerró los ojos y partió. Fue así de sencillo, y tan solemne a la vez.

El año que siguió yo me volví temerosa y nerviosa; imaginaba que toda la gente a la que amaba moría ante mis propios ojos. Olvidaba las citas, abollé el auto, tuve un duelo profundo y largo. En un lluvioso día de abril, tuve la mala idea de llevar a mis tres hijos a visitar su tumba por primera vez.

No tenía desagüe. Se había hundido nueve o diez centímetros con las lluvias de primavera. Nos sentamos bajo la lluvia en la base de la enorme lápida que marca el terreno de la familia, y lloramos. Luego nos dirigimos a un pequeño centro comercial para distraernos un juco. Había un pozo de los deseos, y lanzamos algunos peniques. "Deseé que la abuela esté feliz donde está", dijo mi hija. "Yo *sé* que la abuela está feliz, así que deseo que *nosotros* también podamos estarlo", dijo su hermana mayor. "Yo sólo lancé mi penique al fondo", dijo su hermanito de tres años, muy triste.

Pero el tiempo ha pasado y nos ha sanado a todos. Lentamente, recuerdo cosas que me dijo durante los meses anteriores a su muerte. Una de ellas fue ésta: una noche, pocas semanas antes de la celebración, conversábamos por teléfono de manera agradable y un poco dispersa, como siempre solíamos hacerlo. Luego su tono cambió. "Eres tan bondadosa, Terry, tan compasiva, y traes tanta luz a la vida de los demás. Ustedes dos tienen ese don: el talento para sentir y transmitir vitalidad . . ." En ese momento la interrumpí.

"Mamá, no es a mí a quien estás describiendo; es a ti misma". Pero no aceptaba nada de eso.

Quizás intentaba, aquel último otoño, legarnos sus propias cualidades, afirmar por última vez los valores por los que había vivido. O ¿era algo más místico: "Recibe estos obsequios que te doy"? No lo sé. Supongo que nunca lo sabré. Pero aun cuando el vacío que dejó su muerte en mi vida está presente aún, siento que ahora puedo contemplarlo sin sentir el terrible vértigo que sentía en un comienzo. Lentamente, he llegado a ver el cierre de su "Cuenta a Través de los Años" no como una parodia cruel de una celebración de cumpleaños, sino como algo diferente—como una celebración de toda su vida, con todas las personas a quienes amaba en torno suyo—casi como un lanzamiento.

Todos los días de mi vida, desde entonces, he usado su reloj de números grandes. Siempre le cuento historias. "¿Sabes?, hablas casi como tu madre", me dice la gente últimamente, cada vez con mayor frecuencia.

"¿Adónde van las almas—las almas de nuestros seres más queridos?", nos preguntamos. Desde luego, no lo sabemos. Pero siento que la mujer que me dio a luz está en un lugar cercano. Dentro de mí o en todas partes. En el parpadeo súbito de uno de mis hijos. Incluso en mi propio reflejo.

Terry Marotta

A la Capitana Candy y
a las mujeres que remontaron el vuelo

Fue uno de los momentos más conmovedores de mi vida. Me encontraba con mi bebé en una pequeña imprenta llamada La Gaviota, en la isla de Balboa, cuando escuché a las dos propietarias que murmuraban entre sí. Ayudaban a una señora a hacer fotocopias de un artículo y exclamaban una y otra vez, "Mira su fotografía. ¡Es tan bella!" No me quedó más remedio que acercarme a mirar.

El nombre de la persona que había llevado el artículo era Marilyn, y el artículo era sobre la primera mujer piloto norteamericana encargada de misiones aéreas durante la Segunda Guerra Mundial. Era tan atractiva como una estrella de cine.

"Estoy sorprendida", le dije a Marilyn. "Mi padre ha trabajado toda la vida para las aerolíneas, y jamás me dijo que había mujeres pilotos en la guerra. ¿Vive todavía?"

"No. Murió cuando se estrelló su B-25 en 1944. Tenía sólo diecinueve años". Los ojos de Marilyn se llenaron de lágrimas cuando nos contó esto.

Podía comprender su emoción. Aun cuando mi familia no ha perdido a nadie cercano en un accidente aéreo, parte del trabajo de mi padre era hablar con las familias de las víctimas de accidentes aéreos comerciales. Durante toda mi vida, hemos estado pegados al televisor cuando hay un accidente, rogando para que ninguna de las véctimas fuera un conocido nuestro.

Marilyn continuó hablando del artículo. "Este es el poema que leyeron durante sus funerales en 1944. Se llama 'Vuelo celestial', y se convirtió en un símbolo para honrar a todas las mujeres pilotos. Siempre lo leen en sus funerales".

Estábamos conmovidas—y poco preparadas para lo que venía.

"Leyeron este poema en el funeral de mi hija".

Aguardamos en silencio hasta que Marilyn pudo continuar. Su hija era la Capitana Candalyn Kubeck—ella la llamaba Capitana Candy—la piloto que conducía el ValuJet que se estrelló en los Everglades de la Florida. Había comenzado a volar cuando tenía sólo dieciséis años, y aun cuando su madre le había rogado una y otra vez que dejara ese trabajo, Candy se negaba a hacerlo. Le fascinaba volar, remontarse a los cielos, sentir la libertad del vuelo. En un momento dado, Marilyn dejó de oponerse y comenzó a apoyar la pasión de su hija.

Mientras la contemplaba a través de mis lágrimas, los recuerdos del episodio del ValuJet me vinieron a la mente, e imaginaba el sufrimiento de esta pobre madre. La noticia de que los pilotos y todos los pasajeros habían muerto, los cientos de audiencias, semanas enteras de noticias sobre el accidente. En algún momento se culpó a su hija, pero la investigación posterior libró de toda responsabir lidad a la Capitana Candy y a toda la tripulación. Luego pensé de nuevo en Marilyn, abandonada sin su hija—una madre que había tenido el valor y el coraje de permitir que su hija swicara a los cielos en pos de su sueño. ¿Qué podía decirle?

Apretando a mi bebé, sólo pude pensar en ofrecerle las mismas palabras de los recortes de periódico que Marilyn sostenía en su temblorosa mano:

Vuelo celestial

No está muerta—sólo vuela más alto,
Más alto de lo que jamás ha volado,
Y las limitaciones terrenales
Ya no la detendrán.

No hay topes de servicio
Ni límite de combustible.
Ya no hay anoxia
Ni cambio de motores.

Gracias a Dios volará ahora
A las alturas que sus ojos sondeaban,
Donde competirá con los cometas
Y sobre el arco iris planeará.

Porque ella es universal
Como el valor, la esperanza y el amor,
Y todas las emociones, dulces y libres,
De vasto y divino alcance.

Y comprender el destino del piloto
No es lo que ella teme
Sino la tristeza que deja tras de sí,
Juestro dolor y nuestros lágrimas.

Sequen sus lágrimas, todos sus seres queridos.
Sí, no está bien que se aflijan,
Pues ella preferiría vuestro valor
Y desearía que creyeran,

Que no ha muerto.
Deberían saber
Que sólo vuela más alto,
Más alto de lo que jamás ha volado.

Adiós a la Capitana Candy y todas esas otras mujeres que remontaron el vuelo y que jamás volvieron. Y gracias a todas las madres que les permitieron volar. No llegaron al estrellato, pero alcanzaron las estrellas.

Diana L. Chapman
Poema de Elizabeth MacKethan Magid

$\overline{9}$

EL AMOR DE UNA ABUELA

Si su bebé es "bello y perfecto, nunca llora ni molesta, duerme en el horario establecido y saca sus gases cuando se lo piden, un angelito todo el tiempo" . . . usted es la abuela.

Teresa Bloomingdale

Nací para este trabajo

Si hubiera sabido que los nietos eran tan diver-
tidos, los hubiera tenido primero.

Anónimo

Como abuela primieriza, esperaba con entusiasmo la primera vez que escucharía decir: "Mamá, ¿puedes cuidar al bebé un par de días?" ¿Mi respuesta? "¡Estoy lista! ¿Cuánto tiempo tardarás en llegar?"

Había eliminado de mi agenda los clubes de bridge y los partidos de tenis. La cuna estaba instalada en la habitación de huéspedes y mis amigos habían sido avisados de que habría una recepción para el debut de nuestra princesita. Este querubín, un ángel viviente, sería mía durante dos días y medio. ¡Las satisfacciones de este oficio eran más grandes de lo que podía imaginar!

¡Qué responsabilidad! El instinto me dijo que cuidar de la hija de mi hijo sería un balde de pañales completamente diferente. (Balde de pañales—aquello en lo que nosotros, los hombres de Neardental, colocábamos los pañales antes de lavarlos.) Sí, los lavábamos. Invertí en una nueva edición del Dr. Spock. En realidad estaba preocupada de que si no me desempeñaba bien en esta rutina de niñera, no me permitirían hacerlo otra vez.

Los nuevos padres llegaron con una provisión de ropa como para dos semanas, suficientes pañales desechables como para secar el río Misisipí, un zoológico completo de animales de peluche, un cochecito, una silla para el auto, un itinerario de sus actividades y la hora durante los prótimos dos días el número telefónico del pediatra (a 100 km de distancia), su edición personal del Dr. Spock (con anotaciones en los márgenes) y seis páginas de instrucciones. Dejaron el perro en casa.

Las instrucciones incluían el horario de comidas y sueño desde las 6:30 de la mañana hasta las 7:30 de la tarde. El bebé debió haberlas leído, porque las siguió al pie de la letra, aun cuando había una nota que decía "estos horarios son aproximados". La adorada bebé había estado apenas cuatro meses en este mundo y ya tenía cuatro personas dispuestas a escuchar sus pedidos, dispuestas a mantener un registro de ellos y llamarlo un horario. Las observaciones de nuestro hijo al salir eran un ejemplo clásico de los edictos de un padre primerizo.

"Mamá, tienes que dejarla llorar un poco". (¿Qué tipo de sádico había criado?)

"No tienes que alzarla cada vez que abra los ojos". (¡He aguardado cuatro meses para alzar este bebé cada vez que yo quiera!)

"Es un asunto de disciplina, sabes, y debe empezar pronto". (Esto de un muchacho que a los quince años necesitaba 45 razones lógicas para persuadirlo de que no era conveniente viajar a dedo 480 kilómetros para asistir a un torneo de baloncesto estundiantil.)

El primer día me levanté a las 5:30. Me obligó a sentarme y verla respirar hasta las 6:45. El abuelo salió a trabajar y no pudo quedarse en casa y mirarla respirar. Por alguna razón, no consideró que esto fuese un gran sacrificio.

Mi bella nietecita y yo tuvimos un día maravilloso. La vestí con su ropa más linda; bailamos por el salón y paseamos por la calle. Respondió maravillosamente a todas las futuras abuelas que vinieron a verla, luego durmió la mayor parte de la tarde, sin duda agotada de ser tan adorable. Continuó con su horario. ¡Qué bebé más buena! Fue una experiencia feliz—deleitarme con aquella primera nieta. Mientras la sostenía, miré de nuevo los ojos de bebé de su padre. Se arrugaban y destellaban con cada sonrisa sin dientes. Acaricié las suaves mejillas e inhalé el dulce aroma fresco de bebé, olvidado hacía largo tiempo y muy echado de menos. Esta nieta le había dada una nueva dimensión a mi vida imposible de medir o de explicar. Todos los pecados de su padre, desde los cólicos hasta estrellar el auto de la familia, habían sido perdonados.

La segunda noche, Bebé decidió probar qué tan rápido podía llegar la abuela a su cuna cuando llamaba. La abuela llegó corriendo cada vez. Bebé llamó a la 1:00, con hambre. Le di de comer. Llamó a las 2:30, porque quería sonreír y jugar. A las 4:00 mordía sus puños. Le di de comer. A las 5:00, la comida que le había dado a las 4:00 apareció de nuevo esparcida sobre ella y por toda la cuna. Ambas dormimos durante la comida de las 6:30. No creo que la echara de menos.

Permaneció feliz y contenta el resto del tiempo que pasamos juntas, solazándose de ser tratada como una estrella, hasta cinco minutos antes de que entraran sus padres por la puerta. En aquel momento despertó gritando, por una razón que yo no acertaba a comprender, excepto que había olvidado su horario. Sus padres me encontraron con el cabello erizado, la camisa afuera, paseándome de arriba abajo y acunándola. Su madre me arrebató a mi preciosa nieta. De inmediato dejó de llorar. Nunca pude convencerlos de que Bebé no había hecho esto en dos días.

Pero había pasado mi primera prueba de abuela niñera, y me permitieron hacerlo otra vez. Y otra. Y otra. Y lo mismo hicieron nuestros otros hijos, así que para cuando estaba meciendo a mi séptimo nieto, mi suerte de principiante había evolucionado hasta convertirme en una exsperta en la materia.

Han transcurrido veinte años desde la primera vez que escuché: "Mamá, ¿podrías . . .?" y mi respuesta sigue siendo, "¡Estoy lista! ¿Cuánto tiempo tardarás en llegar?"

Billie B. Chesney

El jardín de la abuela

Cada año, mi abuela Inés sembraba tulipanes en su jardín y los esperaba en la primavera con el entusiasmo de una niña. Bajo sus amorosos cuidados, florecían siempre en abril, fielmente, y nunca la decepcionaron. Pero decía que las verdaderas flores que decoraban su vida eran sus nietos. Yo, por mi parte, no estaba dispuesta a seguir su juego. Me enviaron a vivir con mi abuela cuando tenía dieciséis años. Mis padres vivían en el extranjero y yo era una joven con muchos problemas, llena de falsa sabiduría y de ira contra ellos por su incapacidad de manejar su relación conmigo y de comprenderme. Era una adolescente triste, irrespetuosa, y me disponía a abandonar mis estudios.

La abuela era una mujer diminuta, en medio de sus propios hijos y de sus nietos, aún adolescentes, y tenía una belleza clásica, anticuada. Sus cabellos eran oscuros y elegantemente peinados, y sus ojos del azul más claro, vibrante. Destellaban con energía e intensidad. La gobernaba una extraordinaria lealtad a la familia y amaba tan profunda y sinceramente como un niño. No obstante, pensé que mi abuela sería más fácil de ignorar que mis padres.

Me mudé a su humilde hacienda en silencio; andaba malhumorada, con la cabeza gacha y los ojos bajos, como una mascota maltratada. Me había aislado de los demás y ocultaba mi propio ser tras una dura coraza de apatía. Me negaba a dejar entrar en mi mundo a cualquier otra alma, pues mi mayor temor era que alguien descubriera mis vulnerabilidades secretas. Estaba convencida de que la vida era una ardua lucha que se combatía mejor a solas. No esperaba nada de mi abuela sino que me dejara en paz, y no pensaba conformarme con menos. Ella, sin embargo, no renunciaba con tanta facilidad.

Comenzó la escuela y yo asistía ocasionalmente a clases; pasaba el resto de mis días en pijama, mirando aburrida el televisor, tendida en la cama. Sin darse por aludida, la abuela entraba en mi habitación todas las mañanas, como un rayo de sol no deseado. "¡Buenos días!", canturreaba, abriendo alegremente las persianas de la ventana. Yo me cubría la cabeza con el cobertor y hacía como si no existiva.

Cuando salía de mi habitación, me asediaba con una sarta de preguntas bien intencionadas acerca de mi salud, mis pensamientos y mis ideas sobre el mundo en general. Yo respondía mascullando monosílabos, pero ella no se desanimaba. De hecho, actuaba como si mis gruñidos sin sentido le fascinaran; escuchaba con tanta solemnidad e interés como si estuviéramos inmersas en una intensa conversación en la que le acabara de revelar un secreto íntimo. En aquellas raras ocasiones en las que le ofrecía algo más que una respuesta de una palabra, juntaba alegremente las manos y sonreía, como si le hubiera hecho un gran regalo.

Al principio me preguntaba si sencillamente no entendía. Sin embargo, aun cuando ella no era una persona educada, yo sentía que tenía la viveza del sentido común que proviene de la inteligencia natural. Se había casado a los trece años durante la Depresión; aprendió lo que necesitaba saber de la vida al criar cinco niños en un difícil momento económico, cocinando en restaurantes ajenos y finalmente abriendo uno propio.

Así que no hubiera debido sorprenderme cuando insistió en que aprendiera a hacer pan. Yo era un fracaso tal con la masa que la abuela se ocupaba de esa etapa del proceso. Sin embargo, no me permitía abandonar la cocina hasta que el pan estaba en el horno. Fue durante aquellos momentos cuando ella desviaba su atención y yo contemplaba el jardín por la ventana de la cocina, que comencé a hablarle. Escuchaba con tal avidez que, en ocasiones, me sentía incómoda.

Lentamente, cuando advertí que el interés de mi abuela por mí no desaparecía con la novedad de mi presencia, me abrí a ella cada vez más. Comencé a esperar en secreto pero con fervor el momento de nuestras conversaciones.

Cuando finalmente las palabras llegaron a mis labios, no se detuvieron. Comencé a asistir regularmente a la escuela y me apresuraba a regresar a casa cada tarde para encontrarla en la silla habitual, sonriendo y esperando oír un recuento detallado de las minucias del día.

Una tarde, durante el penúltimo año de escuela, entré corriendo y le anuncié: "¡Me nombraron directora del diario de la escuela!"

Sostuvo el aliento y se tapó la boca con las manos. Más conmovida de lo que yo jamás podría estarlo, tomó mis manos entre las suyas y las apretó con fuerza. Miré sus ojos que destellaban alegres. Dijo: "¡Me agradas tanto y estoy tan orgullosa de ti!"

Sus palabras me estremecieron con tanta fuerza que no pude responder. Estas palabras hicieron más por mí que mil "Te amo". Sabía que su amor era incondicional, pero su amistad y orgullo eran cosas que debían merecerse. Recibirlas ambas de esta mujer increíble me hizo comenzar a preguntarme si no habría, en realidad, algo agradable y valioso dentro de mí. Despertó en mí el deseo de descubrir mi propio potencial y una razón para permitir que otros conocieran mi lado vulnerable. Aquel día decidí tratar de vivir como ella lo hacía: con energía e intensidad. De repente me invadió el deseo de explorar el mundo, mi mente y los corazones de los demás, de amar de una manera tan libre e incondicional como lo había hecho ella. Y me di cuenta de que la amaba—no porque fuera mi abuela, sino porque era una bella persona que me había enseñado a tener consideración con uno mismo y con los demás.

Mi abuela falleció en primavera, cerca de dos años después de haberme ido a vivir con ella, y dos meses antes de graduarme de la escuela. Murió rodeada por sus hijos y nietos, que recordaban una vida llena de amor y felicidad. Antes de que partiera de este mundo, cada uno de nosotros se inclinó sobre su cama, con los ojos y el rostro húmedos, y la besamos con cariño. Cuando llegó mi turno, la besé dulcemente en la mejilla, tomé su mano y susurré: "¡Me agradas tanto, abuela, y estoy tan orgullosa de ti!"

Ahora, cuando me preparo para graduarme de la escuela, pienso a menudo en las palabras de la abuela y espero que aún se sienta orgullosa de mí. Me maravilla la bondad y la paciencia con la que me ayudó a pasar de una infancia difícil a una juventud llena de serenidad. La imagino en la primavera, como los tulipanes de su jardín, y nosotros, sus nietos, florecemos todavía con un entusiasmo que sólo se compara con el de ella. Y yo sigo esforzándome para que nunca se decepcione de mí.

Lynnette Curtis

Cenar fuera

Fuimos a un pequeño café
cerca de la universidad
para cenar juntos con tranquilidad.
Los estudiantes que cenaban allí
discutían profundos problemas filosóficos.

Te sentaste en nuestra mesa;
te veías suave y afable,
tus cabellos enmarañados y brillantes,
tus ojos destellantes, llenos de picardía.
Y ejerciste tu encanto sobre mí
y sobre todos los que estaban allí.

La mesera te mimaba,
tu taza siempre llenaba,
"¿Otra servilleta? ¡Con mucho gusto!"
"¿Más galletas para la sopa? ¡Claro!"
La cortejabas abiertamente
y a la dueña también,
lanzándoles seductoras sonrisas,
invitándolas a hablar,
comiendo sólo los adornos de tu cena.

Dos veces te levantaste de la mesa
para pasearte
y esparcir tus encantos en otra parte;
te detenías en una o dos mesas,
sonriendo ampliamente,
pidiendo conversación.
Vi cómo cautivabas sus corazones
y supe que te habías apoderado del mío
mientras te observaba en silencio.

Finalmente, doblé con paciencia mi servilleta
y la puse al lado del plato terminado.
Supe que era tiempo de partir,
y acercándome a ti, dije,
"Despidámonos".

Te alcé, te puse en tu cochecito,
y mientras salíamos,
te despediste profusamente de todos,
después de tu primera cena con la abuela
cuando tenías sólo dos años.

Maryann Lee Jacobs

Necesitamos una roca

El día anterior al nacimiento de mi hijo fue decididamente uno que siempre recordaré. Mi madre estaba en el hospital recuperándose de un derrame que le paralizó el lado izquierdo y le afectó el habla. Mi hermana y yo habíamos ido todos los días para animarla y tratar de que hablara. El médico dijo que hablaría cuando tuviera algo que decir.

Aquel día, mamá trató de decirme algo. Sus ojos me miraban y luego se dirigían veloces a la puerta. Trataba de formar las palabras que gritaba su mente, pero su boca no colaboraba. La abracé y lloramos juntas. Sé que estaba preocupada por mí y deseaba que me fuera a casa, pero yo sabía que todavía faltaba un mes para el nacimiento del bebé y deseaba permanecer con ella. En realidad no necesitábamos palabras para comunicarnos, pero una palabra de ella nos hubiera dado tanta esperanza. "Regresaré mañana", dije, mientras me despedía y avanzaba lentamente hacia la puerta. Vi que sacudía la cabeza como si dijera, "Debes quedarte en casa y descansar".

Mamá estaba en lo cierto. Hubiera debido descansar. Siete horas más tarde, me llevaron de prisa a la sección de urgencias del mismo hospital. Los médicos dijeron que era placenta previa. Lo único que yo sabía era que el bebé y yo estábamos en problemas.

Con la ayuda de Dios y de algunos buenos médicos, terminé en una habitación en el piso superior al de mamá con un bello niñito en los brazos. Mientras lo contemplaba, trataba de pensar en un nombre. Un nombre es importante. Un nombre debe tener una historia de la que mi hijo pueda sentirse orgulloso. Un nombre debe estar arraigado en algo. Pero estaba demasiado agotada emocionalmente y fatigada por la cesárea de emergencia para encontrar el nombre adecuado.

Nuestro primer hijo recibió el nombre de su padre, Daniel. Nuestro segundo hijo recibió el segundo nombre de su padre, Michael. Infortunadamente, mi esposo no tenía más nombres. Nuestra hija recibió el nombre del más bello condado de Irlanda, Kerry. Todos los otros nombres de la familia ya habían sido repetidos dos o tres veces por muchos de mis sobrinos. Mi tío nos dijo que Finbar era el santo patrono de nuestra familia, pero sabía que alguien llamado "Finbar Ryan" tendría que aprender a defenderse antes de aprender a caminar.

El tiempo pasaba y las enfermeras me estaban presionando. De repente, tuve una idea. Llamé a la enfermera y le pedí que le llevara una nota a mi madre en el tercer piso: *Mamá, es un niño. ¿Le buscas un nombre? Con cariño, Kathy.*

Esperé una respuesta la mayor parte del día. Cada vez que sostenía al bebé, lo mecía y susurraba. "Pronto tendrás un nombre". Pensaba en mamá y deseaba verla; mis ojos se llenaban de lágrimas. De repente, la enfermera estaba en el umbral de la puerta. Tenía una mirada pícara.

Tomó el bebé y susurró, "Shhh". Sorprendida, pregunté, "¿Qué ocurre?" Me indicó que me subiera a la silla de ruedas y permaneciera en silencio. Otra enfermera tomó al bebé. Me condujeron por un pasillo oscuro. Al frente del lugar donde están los bebés, se encontraban Dan y mi madre, con la mejor sonrisa torcida que he visto en mi vida. "Mamá", llamé, y se me llenaron los ojos de lágrimas. Era la primera vez que salía del tercer piso. Luego hubo un gran silencio, mientras levantó la mano izquierda y señaló el lugar donde las enfermeras habían asomado mi bebé a la ventana. Lentamente y con gran dificultad, dijo: "Llámalo . . . Peter. Nece . . . si . . . tamos . . . una . . . roca".

Kathy Ryan

10

GRACIAS, MAMÁ

Todo lo que soy o espero ser, se lo debo a mi madre.

Abraham Lincoln

Cuando una madre sopla 75 velas

Espera secretamente que uno de sus regalos sea un tanque de oxígeno. En el transcurso de los años, ha gritado, dicho y rezado "Jesús, José y María, dame paciencia!" 1.245.187 veces. Sus manos han colgado pañales en cuerdas, esterilizado líberones, cargado bebés hasta el apartamento del tercer piso, planchado vestiditos y empujado orgullosamente cochecitos de bebé. Ha pelado más papas que seis marineros en castigo.

Se ha arreglado el cabello con rulos de metal, permanentes, cápsulas colorantes de Nestlé, al estilo paje, poodle y como nido de abejas; ha sido rizado una y otra vez y se ha vuelto gris.

El "salón" era donde recibía sus visitas, la "despensa" donde guardaba los comestibles, la "hielera" donde colocaba el helado, y podía usar la "máquina de lavar" los martes.

Obtuvo su grado de enfermera después de cuidar paperas, sarampión, viruela, neumonía, polio, tuberculosis, fiebres, suturas, resfriados, brazos fracturados y corazones rotos.

En algún momento tuvo en su armario vestidos para la casa, sombreros de pluma, guantes blancos, faldas de dobladillo corto y de dobladillo largo, trajes pantalón, vestidos amplios de chifón, vestidos pegados, un abrigo para los domingos y los juguetes de Navidad que ordenaba a través del catálogo de Sears.

Su corazón ha conocido el éxtasis del amor de un hombre, la alegría de los hijos, el dolor de sus errores, la calidez de las buenas amistades, la celebración de bodas, la bendición maravillosa de los nietos y bisnietos.

¿Quién podría contar los pisos que ha fregado, las cenas que ha cocinado, los regalos de cumpleaños que ha empacado, las palabras deletreadas que ha escuchado, los cuentos que ha leído, las excusas que le han dado, las oraciones que ha susurrado a Dios todos los días? Sus brazos han mecido generaciones de bebés. Sus manos han preparado innumerables platos "predilectos". Sus rodillas se han inclinado a rezar una y otra vez por sus seres queridos. Su boca ha besado heriditas que duelen. Su espalda se ha encorvado para lavar ropa sucia, recoger flores de su jardín y envejecer.

Ha viajado por la vida con sus lágrimas y alegrías, viendo cómo los atardeceres de ayer se convierten en los amaneceres de esperanza y promesa del mañana. Gracias a ella y al hombre que tomó su mano, la vida de familia y el amor se han prolongado a través de las generaciones.

Cuando una madre sopla 75 velas, benditos son los que la rodean con su amor.

Alice Collins
Presentado por Geraldine Doyle

Seis de las siete maravillas
de mi mundo

"Ésta es una de las cosas que jamás haría si no hubiera tenido siete hijos", dijo mi madre, mientras viajábamos por el desierto de Nuevo México en un Chevrolet convertible. Había llegado a Tucson dos días antes, para acompañarme a mudarme a Washington, D.C. Cuando le dije que haría el viaje, no aguardó a que le pidiera ayuda. Pidió permiso en su trabajo, hizo las reservaciones y voló desde Chicago para darme una mano y acompañarme.

A menudo he escuchado decir que cuando hay siete hijos, alguno siempre se queda atrás, como si fuese una ecuación matemática (número de horas dividido por número de hijos igual cantidad de atención por hijo). Ésa no fue mi experiencia. No sé cómo hizo mi madre, pero nunca me sentí relegada—ni respecto a mis hermanos, ni a su carrera y actividades, ni siquiera respecto a mi padre.

Recuerdo cuando de niña me sentaba en su regazo y la escuchaba explicarnos acerca de las ocho partes iguales de su corazón, una para cada uno de sus hijos y una para mi padre. No tengo idea dónde estarían mis hermanos y hermanas cuando mi madre y yo nos dedicábamos a nuestro juego de "La señora O'Leary y la señora Foley", tomando té y galletas mientras comentábamos sobre los vecinos. O cuando me leía para dormirme y cantaba sus canciones de cuna, "Duerme, mi calabacita / hasta las puntas de los pies / Si duermes, mi calabacita / te convertirás en una rosa". Cuando comencé a ir al jardín infantil, mi madre me dijo que si alguna vez me sentía sola, lo único que tenía que hacer era enviarle un beso; ella lo recibiría y lo devolvería de inmediato. Realmente creía que recibía mis besos y yo sentía los suyos. Aún lo creo hoy en día. De alguna manera, el teléfono siempre suena cuando más la necesito.

Donde quiera que estoy, cualquier cosa que ocurra en mi vida, siempre la comparto primero con ella. Eso me hace preguntarme qué haré algún día sin ella. Pero he llegado a comprender que mi madre *siempre* estará ahí para mí. Esto se debe a que puso las partes más resistentes de sí misma en nosotros siete, para que nunca me sienta sola.

Cuando necesito su opinión, sobre cualquier cosa, desde cómo criar a mis hijos hasta cómo cortarme el cabello, llamo a mi hermana Lisa. De ella recibo el consejo meditado, justo y honesto de mi madre.

Cuando necesito solucionar un problema, llamo a mi hermano Bill, pues tiene la sabiduría y creatividad de mamá. También tiene su capacidad para mirar el mundo y convencerme de que él debería manejarlo.

Cuando pienso que tengo demasiado que hacer y no tengo suficiente tiempo para todo, cuando necesito la fuerza y el humor de mi madre, llamo a Gay, quien educa a sus cuatro hijos y tiene tres trabajos, y quien a pesar de todo, siempre se las arregla para sentarse a conversar, a escuchar y a compartir un momento grato con los demás.

Cuando el mundo me parece tedioso y repetitivo, llamo a Jim para recibir una dosis de la magia de mamá. Al igual que ella, Jim ve la maravilla de las cosas. Bien sea que hable con un niño o con un adulto, jurará en Navidad que vio un elfo en plena faena.

Para obtener la compasión de mamá, cuando necesito que alguien me escuche y me acepte incondicionalmente, llamo a Mary, quien preparará el té y me dejará llorar, y sabrá cuándo callar.

Y cuando necesito el valor de mi madre, cuando no consigo hacer algo que sé que debo hacer, llamo a mi hermana Doyle, quien, aun cuando es la menor, su instinto siempre me ha guiado por el camino correcto y me ha dado la confianza en mí misma para lograr mis metas.

Así, allí estábamos, viajando por el desierto, y mi madre hablando acerca de algunas cosas que no haría si no hubiera tenido siete hijos. Pues bien, hay *muchas* cosas maravillosas que nosotros siete no tendríamos si ella no hubiera tenido siete hijos—porque *nosotros* somos el mejor regalo de nuestra madre para nosotros.

Jane Harless Woodward

Las riquezas de mi madre

Debe de haber algo muy especial en una madre que consiguió criar a su hija sin que ésta advirtiera la pobreza en que vivían. Ni siquiera supe que era pobre hasta que estuve en segundo grado. Tenía todo lo que necesitaba; nueve hermanos para jugar, libros para leer, una amiga en una muñeca de trapo hecha a mano, ropa limpia que mi madre remendaba con destreza o cosía ella misma. Mamá lavaba y trenzaba mis cabellos todas las tardes para ir a la escuela al día siguiente, mis zapatos marrón siempre estaban embetunados y brillados. Era muy feliz en la escuela; me fascinaba el olor de los lápices de colores y del grueso papel de dibujo que la profesora nos entregaba. Absorbía los conocimientos como una esponja, y obtuve el codiciado privilegio de llevar los mensajes a la oficina del director una semana.

Aún recuerdo mi sentimiento de orgullo cuando fui sola a entregar el dinero del almuerzo un día. Cuando regresaba a mi salón, encontré dos niñas mayores que bajaban la escalera. "Mira, es la niña pobre", susurró la una a la otra, y rieron. Fuertemente ruborizada y tratando de contener el llanto, el resto del día no existió para mí.

Mientras caminaba de regreso a casa, traté de aclarar los sentimientos encontrados que habían producido los comentarios de las niñas. Me preguntaba por qué pensaban que yo era pobre. Miré críticamente mi vestido y, por primera vez, advertí cuán desteñido estaba; una línea en el dobladillo anunciaba visiblemente que era heredado de mis hermanas. A pesar de que los pesados zapatos de niño eran los únicos con el suficiente apoyo para que no caminara sobre los costados de los pies, me sentí incómoda de repente por usar zapatos marrones y feos. Cuando llegué a casa, sentía compasión de mí misma. Me sentía como si entrara en casa de un extraño, y observaba todo críticamente. Vi el linóleo roto de la cocina, huellas sucias en la vieja pintura de las puertas. Deprimida, no respondí al alegre saludo de mi madre que se encontraba en la cocina, preparando galletas de avena y leche en polvo. Estaba segura de que las otras niñas del colegio no tenían que tomar leche en polvo. Permanecí malhumorada en mi habitación hasta la hora de la cena, preguntándome cómo abordaría el tema de la pobreza con mi madre. ¿Por qué no me lo había dicho?, me preguntaba. ¿Por qué tuve que saberlo por otras personas?

Cuando tuve suficiente valor, me dirigí a la cocina. "¿Somos pobres?", exclamé, con algo de desafío en la voz. Esperaba que ella lo negara, lo defendiera o al menos que lo ignorara, para que no me sintiera tan mal. Mi madre me miró detenidamente, y permaneció en silencio algunos momentos. "¿Pobres?", repitió, mientras dejaba el cuchillo con el que había estado pelando las papas. "No, no somos pobres. Mira todo lo que tenemos", dijo, señalando a mis hermanos que jugaban en la habitación contigua.

A través de sus ojos, vi el horno de leña que llenaba el ambiente de calor, las alegres cortinas y los tapetes hechos en casa que decoraban las habitaciones, la bandeja llena de galletas de avena sobre el mostrador. Por la ventana de la cocina podía ver el espacio abierto del campo que había ofrecido tanta diversión y aventuras a diez niños.

Prosiguió: "Tal vez algunas personas piensen que somos pobres si se trata de dinero, ¡pero tenemos tanto!" Y con una sonrisa de alegría, continuó preparando la cena para su familia, sin advertir que había alimentado mucho más que mi estómago vacío aquella noche. Había alimentado mi corazón y mi alma.

Mary Kenyon

Completamente equivocado

Decir que mi madre no era agraciada no es una crítica ni una queja. Sencillamente era una de aquellas mujeres que pasan inadvertidas, como muchas otras de su tipo. Nacida en una familia de alcohólicos, mi madre decidió mudarse de St. Louis a los diecisiete años porque, como lo decía, "No resistía un minuto más las peleas, la bebida y la locura". Se mudó a casa de una prima en California para iniciar una nueva vida. Esto ocurrió en 1959.

En 1960 se casó con mi padre, un marino, y durante los cuatro años siguientes tuvieron a Tammy, Tina, Jerry y yo. Compraron una pequeña casa en el Condado Orange en 1967. En 1975, habiendo dado lo mejor de sí mismos, mis padres se divorciaron. Yo tenía doce años.

Tal vez fue por el enorme cambio que trae un divorcio, no lo sé, pero de repente comencé a ver a mi madre más como una persona que como una mamá. Empecé a observar su rostro, desprovisto de facciones espectaculares. Sus ojos tenían grandes ojeras alrededor, y su figura reflejaba los partos y sus secuelas. Los hombres no se fijaban en ella. Nunca parecían advertir aquellos ojos ígneos que yo había comenzado a notar con el tiempo.

Como a menudo tienen que hacerlo las madres solas, la mía aceptó un segundo trabajo en las noches, entregando programas de carreras de caballos en las licorerías. Solía prometerme un helado de chocolate si la acompañaba; decía que era la única oportunidad que tenía ahora de estar conmigo. Llevaba sus paquetes a las licoreras y apenas recibía un gruñido de los hombres que los recibían. Mamá parecía invisible para los hombres.

A medida que me convertía en una joven, comencé a sentir una amargura silenciosa por el desinterés general de la gente por mi madre. Sabía el gran ingenio que tenía y el inmenso conocimiento que había adquirido por ser una lectora insaciable. Todo ello estaba en sus ojos. No era una observación crítica, típica de los adolescentes cuando juzgan a sus padres. Sencillamente, me daba cuenta de que la vida silenciosa y heroica de mi madre pasaba desapercibida, que nadie la apreciaba. Esto me causó una gran pena.

El 9 de febrero de 1986, recibí una llamada telefónica en medio de mi turno en una bodega mayorista. Era mi madre con la noticia de que el resfrió del que había tratado de deshacerse durante dos meses, se debía a un tumor en el pulmón izquierdo. Una semana después fue operada. El cirujano observó que el tumor se había ubicado en la aorta en una espiral ascendente hacia el corazón, y la cerró de inmediato. Nos habló extensamente sobre la quimioterapia y las radiaciones, pero sus ojos nos revelaban la verdad.

Mi poco agraciada madre luchó contra aquel tumor como un guerrero, y nadie pareció percatarse de ello. Sufrió los efectos de las radiaciones en su caja vocal y en su capacidad de tragar e incluso de respirar. Valientemente enfrentó la pesadilla de la quimioterapia; incluso compró una peluca de color rojo vivo para tratar de animar a la familia. No funcionó. Juró "derrotar esta bestia" hasta que perdió el conocimiento el 2 de febrero de 1987, y murió rodeada de sus tres hijos que acariciaban aquellas mejillas sin gracia. Esto me molestó. Estaba furioso con el mundo por no haberse fijado en ella. Yo me fijé en ella. Observé el precio que había pagado por su lucha y su soledad. ¿Cómo pudieron dejar de advertir que aquella mujer, físicamente poco atractiva, era en realidad un ser humano maravilloso? Permanecí iracundo hasta sus funerales.

Gente que yo no conocía empezó a llenar la simple capillita donde mi madre podía ser vista por última vez. Acudieron muchos compañeros de trabajo de más de veinte años atrás; la última vez que me habían visto yo estaba en pañales. Llegaron muchísimos amigos a quienes yo no conocía, amigos del trabajo que mi madre tuvo hasta cuando se sintió demasiado enferma para continuar, y que nos reconfortaban a mis hermanas y a mí. Incluso el jefe que tenía cuando repartía los programas de carreras llegó, me estrechó la mano y me dijo que mi madre era "la mujer más bondadosa que había conocido".

Comencé a notar a mi madre como persona a los doce años y sentí que su vida era simple. Contemplé la capilla llena de buenas personas que sí se habían fijado en mi madre, y que la consideraban todo menos sin gracia. Había dejado una huella en sus vidas, y era yo quien no lo había advertido. Nunca me sentí mejor de haber estado tan equivocado. No había pasado inadvertida para ninguno de ellos, y mi ira desapareció.

Gerald E. Thurston Jr.

Epílogo

Plegaria por mi madre

Querido Dios:

Ahora que ya no soy joven, tengo amigos cuyas madres han muerto. He escuchado decir a estos hijos e hijas que nunca apreciaron plenamente a sus madres sino hasta que era demasiado tarde para decírselo.

Tengo la suerte de que mi querida madre aún esté viva. Cada día la aprecio más. Ella no cambia, pero yo sí. A medida que envejezco y aprendo, comprendo mejor que es una persona extraordinaria. Qué triste que no pueda decir estas palabras en su presencia, pero fluyen con facilidad de mi pluma.

¿Cómo comienza una hija a agradecer a su madre por la vida misma? ¿Por el amor, la paciencia y todo el trabajo que implica criar a un niño? ¿Por correr detrás de un bebé, comprender los cambios de ánimo de un adolescente, tolerar a un estudiante universitario que lo sabe todo? ¿Por aguardar a que llegue el día en que se dé cuenta de la sabiduría que realmente tiene su madre?

¿Cómo puede una mujer adulta agradecer a una madre por seguir siendo su madre? ¿Por estar siempre dispuesta a ofrecer consejo (cuando se lo piden) o permanecer en silencio cuando esto es lo que más se aprecia? ¿Por no decir "te lo dije" cuando hubiera podido hacerlo miles de veces? ¿Por ser esencialmente ella misma—amorosa, considerada, paciente y comprensiva?

No lo sé, Dios mío, excepto pidiéndote que la bendigas tanto como lo merece y que me ayudes a vivir de acuerdo con el ejemplo que me ha dado. Te pido que mis hijos lleguen a verme como yo veo a mi madre.

—Una Hija

Ann Landers
Presentado por Lynn Kalinowski

¿Más sopa de pollo?

Muchos de los relatos y poemas que aparecen en este libro fueron enviados por lectores como ustedes que habían leído otros libros de *Sopa de pollo para el alma*. En un futuro pensamos publicar más libros de *Sopa de pollo para el alma*. Lo invitamos a que escriba para uno de estos próximos volúmenes.

Los relatos pueden tener hasta 1.200 palabras y deben ser algo que edifique e inspire. Puede ser original o algo recortado del diario local, de una revista, del boletín de su iglesia o una circular de su empresa. También puede ser una de sus citas predilectas que lea con frecuencia o una experiencia personal que lo haya conmovido profundamente.

Además de otras tazas de *Sopa de pollo para el alma*, algunos de los libros que pensamos publicar son: otra taza de *Sopa de pollo para el alma de la mujer, Sopa de pollo para el alma cristiana, Sopa de pollo para el alma del adolescente*, como también *Sopa de pollo . . . para el alma del maestro, para el alma del que ama a los animales, para el alma del niño, para el alma del campesino, para el alma del optimista, para el alma del afligido, para el alma del perseverante, para el alma de los divorciados y para el alma de las parejas.*

Basta con que nos envíe una copia de su relato u otro material en inglés, y nos indique para cuál de las publicaciones está destinado, a la siguiente dirección:

Chicken Soup for the Soul
P.O. Box 30880 • Santa Barbara, CA 93130
Tel: 805-563-2935
Fax: 805-563-2945
Página web: *http://www.chickensoup.com*

También nos puede encontrar bajo "chickensoup" en America Online.

Tanto usted como el autor del escrito recibirán los créditos correspondientes.

Si desea obtener información sobre futuras presentaciones, libros, casetes, videocasetes, seminarios y programas educativos, contáctese directamente con cualquiera de los autores que aparecen en esta obra.

En apoyo de las mujeres y los niños del mundo

Con el ánimo de apoyar a las mujeres y a los niños de todas partes del mundo, el editor y los coautores de *Sopa de pollo para el alma de la madre* haremos una donación a:

Save the Children Federation, Inc.
54 Wilton Road
P.O. Box 950
Westport, CT 06880

Save the Children, una organización sin fines de lucro, se dedica a transformar en forma positiva y estable la vida de niños de escasos recursos en los Estados Unidos y en el mundo entero. Durante 65 años, Save the Children ha trabajado con familias y comunidades en cuarenta países, en el desarrollo y administración de programas de salud, educación, oportunidades económicas y ayuda de emergencia. Sus programas llegan a más de 1.5 millones de niños y a sus familias en África, Asia, Europa, Latinoamérica, el Medio Oriente y los Estados Unidos.

En 1977, Save the Children lanzó una nueva iniciativa en los Estados Unidos: *Save the Children U.S.*, destinada a crear un ambiente seguro para los niños y aprovechar al máximo todo su potencial durante las horas que no están en el colegio. Dicha iniciativa dispone de voluntarios, establecimientos adecuados y de programas fijos de actividades en donde los niños pueden participar durante su tiempo libre, considerando que un 44 por ciento de los menores en los Estados Unidos carecen totalmente de esta clase de atención durante tales horas.

Si desea mayor información sobre Save the Children, diríjase a Save the Children Federation, Inc., Assistant Corporate Secretary, en la dirección indicada, teléfono (800) 243-5075.

¿Quién es Jack Canfield?

Jack Canfield es uno de los más destacados expertos de los Estados Unidos en el desarrollo del potencial humano y la eficiencia personal. No sólo es un orador dinámico y entretenido, sino también un educador como pocos, con una enorme capacidad para informar e inspirar al público y elevar en ellos su estima personal y la motivación que necesitan para realizarse plenamente en la vida.

Es autor y narrador de varios programas en casetes y vídeos de gran venta, entre los que se incluyen *Self-Esteem and Peak Performance* (La estima personal y la realización plena del individuo), *How to Build High Self-Esteem* (Cómo fortalecer la estima personal), *Self-Esteem in the Classroom* (La estima personal en y aula) y *Chicken Soup for the Soul— Live* (Sopa de pollo para el alma—en vivo). Es un asiduo invitado a programas de televisión como "Good Morning America", "20/20" y "NBC Nightly News". Ha sido coautor de varios libros, incluyendo los de la serie de *Chicken Soup for the Soul* (Sopa de pollo para el alma), *Dare to Win* (Anímate a ganar) y *The Aladdin Factor* (El factor Aladino), todos ellos en colaboración con Mark Victor Hansen; *100 Ways to Build Self-Concept in the Classroom* (Cien maneras de mejorar el concepto de uno mismo en el aula), con la participación de Harold C. Wells, y finalmente *Heart at Work* (Trabajando con el corazón), en colaboración con Jacquelin Miller.

Jack Canfield suele hablar en asociaciones profesionales, distritos escolares, entidades gubernamentales, iglesias, hospitales, organizaciones de ventas y corporaciones. Entre sus clientes figuran American Dental Association, American Management Association, AT&T, Campbell Soup, Clairol, Domino's Pizza, GE, ITT, Hartford Insurance, Johnson & Johnson, NCR, New England

Telephone, Re/Max, Scott Paper, TRW y Virgen Records. Jack también se desempeña como docente en Income Builders International, una academia de estudios empresariales avanzados.

Jack dirige un Encuentro Anual de Capacitación para Coordinadores de ocho días de duración, en el que trata los temas de la estima personal y la realización de las metas de cada uno. Este program está destinadeo a docentes, consejeros, expertos en relaciones humanas y empresariales, conferencistas profesionales, sacerdotes y a todos aquellos interesados en desorrollar su capacidad para hablar en público y dirigir seminarios.

Si desea obtener información sobre los libros, grabaciones y cursos de Jack Canfield o para organizar alguna presentación, por favor comuníquese con:

The Canfield Training Group
P.O. Box 30880 • Santa Barbara, CA 93130
Tel: 805-563-2935 • Fax: 805-563-2945
Visite nuestra página en el Internet o
envíenos sus mensajes vía electrónica a:
http://*www.chickensoup.com*

¿Quién es Mark Victor Hansen?

Mark Victor Hansen es un orador profesional que durante los últimos veinte años ha hecho más de cuatro mil presentaciones a más de dos millones de personas en treinta y dos países. Sus conferencias versan sobre estrategias y excelencia en ventas, capacitación y desarrollo personal y cómo triplicar ingresos y duplicar el tiempo libre.

Mark ha dedicado su vida a generar cambios profundos y positivos en la vida de la gente. A lo largo de su carrera, ha motivado a cientos de miles de personas a consolidar y a orientar mejor su futuro, logrando alcanzar a su vez billones de dólares en utilidades por ventas de bienes y servicios.

Mark es un prolífico escritor, autor de *Future Diary,* (Diario del Futuro), *How to Achieve Total Prosperity* (Cómo lograr la prosperidad total) y *The Miracle of Tithing* (El milagro del diezmo), entre otros libros. También ha escrito *Chicken Soup for the Soul* (Sopa de pollo para el alma), *Dare to Win* (Anímate a ganar) y *The Aladdin Factor* (El factor Aladino) *con Jack Canfield, y* The Master Motivator (El maestro de la motivación) con Joe Batten.

Ha producido una completa biblioteca de casetes y videocintas sobre capacitación personal que les permite a sus oyentes reconocer y utilizar sus habilidades innatas en los negocios y en la vida personal. Su mensaje lo ha convertido en un famoso personaje de la radio y la televisión, habiéndose presentado en programas de ABC, NBC, CBS, HBO, PBS y CNN. También ha aparecido en las portadas de numerosas revistas, entre ellas *Success, Entrepreneur* y *Changes.*

Es un gran hombre, con un gran corazón y un gran

espíritu—una fuente de inspiración para quienes tratan de superarse a día a día.

Si desea obtener más información acerca de Mark, escriba a:

Mark Victor Hansen
P.O. Box 7665
Newport Beach, CA 92658
Tel: 949-759-9304 • 800-433-2314
Fax: 949-722-6912
Dirija sus mensajes electrónicos a
http://*www.chickensoup.com*

¿Quién es Jennifer Read Hawthorne?

Jennifer Read Hawthorne es coautora del libro más vendido según el *New York Times, Sopa de pollo para el alma de la mujer: Relatos que conmueven el corazón y ponen fuego en el espíritu.* Actualmente se encuentra trabajando en otros libros de esta misma serie y realiza giras por todo el país a fin de transmitir al público todas estas historias que inspiran amor y esperanza, valor y motivación para realizar nuestros sueños.

Jennifer es una oradora que se ha destacado por su dinamismo, ingenio, su gran sentido del humor y su talento innato para la narración. A muy temprana edad, ella desarrolló un profundo interés por el lenguaje, el cual había sido cultivado por sus padres. Jennifer atribuye su amor por la narración al legado que le dejó su difunto padre, Brooks Read, un prominente cuentista cuyas historias originales de Brer Rabbit llenaron su niñez de magia y del poder que encierran las palabras.

Mientras se desempeñaba como voluntaria del Cuerpo de Paz enseñando inglés como idioma extranjero en África Occidental, Jennifer descubrió el carácter universal de los cuentos como medio para enseñar, conmover, elevar y vincular a la gente. Sus presentaciones de *Sopa de pollo para el alma* hacen reír y llorar al público; muchas personas aseveran que después de escuchar a Jennifer han experimentado un cambio positivo en sus vidas.

Jennifer es una de las fundadoras de The Esteem Group, una compañía orientada a desarrollar programs de motivación y estima personal para la mujer. Como conferencista especializada desde 1975, se ha presentado ante miles de personas en todo el mundo para hablar acerca de la superación personal, del desarrollo de nuestras potencialidades y de los logros en el trabajo. Entre sus clientes figuran asociaciones de profesionales, compañías de Fortune 500 e instituciones gubernamentales y educacionales como AT&T, Delta Airlines, Hallmark Cards, The American Legion, Norand, Cargill, el estado de Iowa y Clemson University.

Jennifer nació en Baton Rouge, Lousiana, y se graduó en periodismo en la universidad de ese mismo estado. Reside actualmente en Fairfield, Iowa, con su esposo Dan y sus dos hijastros, Amy y William.

Si le gustaría invitar a Jennifer para que participe en algún discurso de apertura o seminario sobre *Sopa de pollo para el alma*, puede contactarse con ella a la dirección siguiente:

Jennifer Hawthorne Inc.
1105 South D Street
Fairfield, IA 52556
Tel: 515-472-7136 • Fax: 515-469-6908

¿Quién es Marci Shimoff?

Marci Shimoff es coautora del libro más vendido según el *New York Times, Sopa de pollo para el alma de la mujer.* Experta orientadora y conferencista, durante los últimos 17 años se ha dedicado a inspirar a miles de personas con su mensaje de superación personal y profesional. También ha dirigido seminarios y participado en numerosas conferencias sobre la estima personal, el dominio de la tensión nerviosa, la aptitud para comunicarse con los demás y el desarrollo de las potencialidades del individuo. En los últimos años, se ha especializado en dar conferencias sobre los temas relacionados con *Sopa de pollo para el alma* en el mundo entero.

Merci es socia fundadora y presidenta de The Esteem Group, una compañía orientada a desarrollar programas de motivación y estima personal para la mujer. Como una de las oradoras más notables del grupo de Fortune 500, Marci ha brindado sus servicios a AT&T, General Motors, Sears, Amoco, American Airlines y a Bristol Meyers Squibb. También ha sido invitada por numerosas organizaciones de profesionales, universidades y asociaciones femeninas como conferencista principal, en donde se le conoce por su carácter animoso y la exposición dinámica de sus presentaciones.

Marci combina su estilo enérgico con una sólida base de conocimientos. Se graduó de Máster en Administración de Empresas en UCLA; también estudió por un año en Estados Unidos y en Europa para perfeccionarse en las técnicas de supresión del estrés. Desde 1989, Marci ha estado estudiando las nociones de la estima personal junto a Jack Canfield y ha colaborado también en el curso de Capacitación para profesionales que realiza una vez al año.

En 1983, Marci colaboró en un estudio muy aclamado que comprendía el análisis de las 50 mujeres de negocios más prominentes de los Estados Unidos. Desde entonces, se ha especializado en realizar conferencias para audiencias femeninas, y se ha concentrado en ayudar a las mujeres a descubrir el extraordinario potencial que existe en cada una de ellas.

De todos los proyectos en los que Marci ha trabajado durante toda su carrera, ninguno le ha dado más satisfacción que la serie de *Sopa de pollo para el alma*. Actualmente se encuentra trabajando en futuras edicdiones del libro y siente una gran emoción de que a través de esta obra haya podido conmover y reconfortar a miles de personas en todo el mundo.

Si le gustaría invitar a Marci para que participe en algún discurso de apertura o seminario sobre *Sopa de pollo para el alma*, puede contactarse con ella a la dirección siguiente:

The Esteem Group
1105 South D Street
Fairfield, IA 52556
Tel: 515-472-9394 • Fax: 515-472-5065

Colaboradores

Aaron Bacall es un caricaturista neoyorquino cuyos dibujos han aparecido en revistas, libros y anuncios. Se desempeñó como investigador en ciencias químicas y farmacéuticas y también como profesor universitario antes de dedicarse de lleno a dibujar tiras cómicas. Se le puede encontrar en algún lugar del universo cibernético, exactamente en: *Abcartoon@juno.com* o bien, puede hacer llegar sus mensajes vía telefax al 718-370-2629.

Judy Bodmer acompañó a sus hijos, que ahora han ingresado a la universidad, a cada competencia deportiva en las que participaron durante diez años en la ciudad de Kirkland, Washington. Se desempeña como auxiliar de biblioteca en Lake Forest Park e imparte el curso de composición creativa en Lake Washington Technical College. Junto a su esposo, Larry, donan su tiempo para trabajar con parejas de casados y de novios a través de la iglesia.

Carolyn Campbell ha publicado más de doscientos artículos en revistas que se distribuyen a nivel nacional, tales como *Ladies' Home Journal, Family Circle, First for Women, Woman's World y Guideposts*. Es también columnista habitual de *Business Startups*. Incluso, sus artículos han llegado a ser publicados en Hong Kong, Alemania, Dinamarca y Australia. Los temas en los que Carolyn se especializa abarcan tópicos de carácter informativo, de relaciones humanas y estilos de vida, además de artículos sobre mujeres destacadas, particularmente aquéllas que han logrado superar obstáculos y triunfar en la vida. Ella reside en Salt Lake City, Utah, con su esposo y sus cuatro hijos, cuyas edades oscilan entre siete y veintiún años. Usted puede comunicarse con ella al teléfono 801-943-6571.

Bill Canty sus caricaturas han aparecido en muchas revistas a nivel nacional, incluyendo el *Saturday Evening Post, Good Housekeeping, Better Homes and Gardens, Woman's World, National Review y Medical Economics*. Su crónica especial *All About Town* se distribuye y publica en cuarenta periódicos simultáneamente. Su dirección es P.O. Box 1053, S. Wellfleet, MA 02663 y su número de teléfono, el 508-349-7549.

Dave Carpenter desde 1981 se ha dedicado exclusivamente a crear caricaturas e ilustraciones cómicas. Sus viñetas han aparecido en *Barrons*, en el *Wall Street Journal, Forbes, Better Homes and Gardens, Good Housekeeping, Woman's World, First*, en el *Saturday Evening Post* y en muchas otras publicaciones. Si desea comunicarse con Dave, escriba a P.O. Box 520, Emmetsburg, IA 50536 o si prefiere, llame al 712-852-3725.

Mary Chambers sus caricaturas forman parte de su propia experiencia, siendo ella misma madre de siete hijos. Es autora de los libros de caricaturas titulados *Motherhood Is Stranger Than Fiction (La maternidad es más extraña que la ficción)* y *Church Is Stranger Than Fiction (La iglesia es más extraña que la ficción)*. Mary colaboró con cuatro caricaturistas más en la creación del libro *Faith in Orbit (Fe en órbita)*. Ella reside con su familia en Carthage, en el estado de Missouri.

Liane Kupferberg Carter es una escritora independiente cuyos artículos han sido publicados por el *New York Times, McCall's, Child, Glamour, Cosmopolitan y Newsday*. Liane vive con su familia en Westchester, en el estado de New York, donde participa activamente para ayudar a los niños deficientes de su comunidad. Puede escribirle a su casilla electrónica, a *lcarter@cloud9.net*.

Diana L. Chapman es una destacada escritora premiada y reconocida a nivel nacional, y una de las colaboradoras más prominentes de la serie de *Sopa de pollo para el alma*. Trabajó como periodista durante catorce años para ambos periódicos, el *San Diego Union* y *Los Angeles Copley*. Se especializa en los reportajes de interés humano y actualmente se encuentra escribiendo un libro. Dejó su carrera como reportera en 1992 después de que le diagnosticaron esclerosis múltiple. Diana ha estado casada durante nueve años y tiene un hijo, Herbert "Ryan" Hart. Si quiere contactarse con ella, dirija sus cartas a P.O. Box 414, San Pedro, CA 90733.

Billie B. Chesney es natural de Kansas, tiene cinco nietos, enseña religión en su iglesia y trabaja como escritora independiente. Ha sido premiada por sus narraciones breves, reminiscencias y ensayos, los cuales han aparecido en las revistas *Good Old Days, Capper* y *One of a Kind*. Un libro especial que la revista *Reminiscense* pronto ha de publicar incluye parte de la obra de Billie. Ella y su marido, Dale, residen en Kingsport, en el estado de Tennessee.

Rebecca Christian aparte de ser madre de tres niños, es una escritora y oradora ingeniosa y cautivante, quien se ha presentado en un sinnúmero de reuniones anuales y conferencias especializadas en temas de la mujer. Sus obras han sido publicadas en más de 100 revistas y periódicos. A Rebecca se le puede escribir al 641 Alta Vista St., Dubuque, IA 52001. Teléfono/fax: 319-582-9193.

Margie Coburn recientemente cesó sus labores en el hospital de su localidad después de 25 años de servicio. Sus escritos como autora independiente son en su mayoría motivadores o reflejan las experiencias gratas e interesantes de su vida. Le encanta participar en las actividades de su iglesia, hablar en público y trabajar como guía de turismo voluntaria en los recintos históricos. Margie reside en 106 Azalea St., Greenville, NC 27834 y su número de teléfono es el 919-752-3219.

Muriel Cochrane y su esposo son una pareja de octogenarios, quienes perdieron a su hijo en 1966 durante la Guerra de Vietnam. Tienen cuatro hijas encantadoras, catorce nietecitos y veinticinco bisnietos. Muriel ha escrito varios poemas a través de los años acerca del hogar, la familia y la amistad.

Shari Cohen es autora de ocho libros infantiles, quien además escribe artículos para diarios y revistas acerca de la vida de familia. Shari vive en Woodland Hills, California, con su esposo, Paul, y sus tres hijos adolescentes. Su dirección postal es P.O. Box 6593, Woodland Hills, CA 91365.

Alice Collins, esposa, madre y abuela, quien aparte de descongelar pollos para preparar la cena, sufrir accesos repentinos de calor y extraviar los espejuelos, celebra también la vida de familia a través de sus libros y columnas, al igual que en sus disertaciones públicas. Ella reside en Oak Lawn, Illinois, y su número de teléfono es el 708-422-7568.

Lynette Curtis está cursando el último año de la carrera de inglés en Nevada University, en Las Vegas. También se desempeña como asistente de redacción del periódico *Las Vegas Journal*. Si quiere escribirle a Lynette, envíe sus mensajes a través del Internet, a *msnettiel@aol.com*.

Edith M. Dean es una escritora independiente que ha publicado tres libros (uno de ellos con la colaboración de George Andersen) y más de doscientos cincuenta artículos. Su obra se centra en la motivación personal. Edith vive con su esposo Jim, en Conway, en el estado de Arkansas.

Benita Epstein es una caricaturista independiente cuyas viñetas han aparecido en más de 150 libros y revistas, entre las que se encuentran *Punch, Barron's* y el *Saturday Evening Post*. Además, Marcel Shurman y Silver Dog han publicado docenas de tarjetas de saludos con los dibujos que Benita ha creado. Su número de fax es el 760-634-3705 y su dirección en el Internet es benitaE@aol.com.

Judy Farris es madre de dos muchachas adolescentes, quien durante los últimos años se ha dedicado a escribir poesía y prosa corta en su tiempo libre y a participar en el teatro del colegio universitario de Palm Desert, California, en donde reside en compañía de su esposo Karl.

Donna Getzinger escribe historias, novelas y obras de teatro infantiles. También escribe novelas oníricas para adultos. Sus obras han aparecido en publicaciones tales como el *Children's Digest, Funny Times, Listen* y *What's Love? Love Prints Novelettes.* Donna también es cantante de carrera e invita a los interesados a contactarse con ella al 213-718-0036 para conocer más acerca de su música o creaciones literarias.

Randee Goldsmith es gerente de producción de *Sopa de pollo para el alma* en Health Communications Inc. y tiene un hijo llamado Alan. Originaria de Southfield, Michigan, Randee se graduó de la universidad de ese estado. Actualmente reside en Boca Raton, Florida y los interesados pueden dirigir sus cartas a Health Communications, Inc., 3201 SW 15th Street, Deerfield Beach, FL 33442.

Linda Goodman ha compartido sus historias con el público en los diversos seminarios que ha realizado en todo el país. En 1995, el Instituto de Literatura de Connecticut le otorgó el *Premio a la Excelencia Narrativa.* Su cinta, *Jessy and Other Stories (Jessy y otras historias)* y su colección de cuentos cortos, *Daughters of the Appalachians (Hijas de los Apalaches)* han sido objeto de grandes elogios por parte de la crítica. El número de teléfono de Linda es el 978-562-9575.

Jennifer Graham reside en Naperville, Illinois, con su esposo, Bob, y sus dos hijos, Charley y Katherine. La pintoresca familia de Jennifer es una fuente de inspiración inagotable para sus creaciones literarias. Su número de teléfono es el 630-717-6788.

Loretta Hall tiene tres hijas y dos nietos. Con el objeto de mantener un horario orientado a la familia y al mismo tiempo ayudar con los gastos del hogar, Loretta decidió trabajar como escritora independiente. En sus artículos aborda temas de interés familiar, comercial y de desarrollo tecnológico. Con Loretta, usted se puede comunicar al teléfono 505-293-2337.

Jean Harper es esposa, madre de dos hijos, escritora, oradora y piloto de United Airlines, donde actualmente se desempeña como capitán del Boeing 757. Jean considera que la narración es su mejor talento y aprovecha su inusitada y rica experiencia para hablar en público acerca de los temas relativos a la aviación, la fe cristiana y la orientación profesional, como también acerca de la motivación personal.

Amy Hilliard-Jones es la presidenta del Hilliard-Jones Marketing Group, una firma de consultores con base en Chicago que se especializa en el análisis de mercados extranjeros. Disfruta ver crecer a sus hijos, Angelica y Nicholas, y en el futuro espera tener la oportunidad de escribir y hablar más acerca de la búsqueda del éxito, del sentido común y la satisfacción espiritual.

Colleen Derrick Horning dirige la producción de uno de los segmentos de *Good Morning Texas* para el canal de televisión WFAA, el cual se transmite en vivo en la ciudad de Dallas, Texas, a través de la cadena ABC. Lo que más le gusta a Colleen es grabar los segmentos dedicados a las "Mamás". Su esposo, Rob, también trabaja para el mismo canal. Colleen y Rob llevan seis años de matrimonio y dicha unión dio origen a una familia compuesta por Nicholas, de dieciséis, y Sterling, de cuatro años. Colleen, como toda madre guionista, lleva un registro diario de las citas más notables de Sterling. Su última ocurrencia ha sido: "¡Lucy, ya llegué!"

Maryann Lee Jacob es profesora de psicología en Stevens High School localizado en Rapid City, en Dakota del Sur. Ha publicado varios poemas en el *Prairie Winds* de dicho estado, además de un libro de gramática para estudiantes universitarios titulado *Fundamentals of English (Fundamentos del inglés).* Maryann tiene cinco hijos y vive en el

3304 Idlewild Court, Rapid City, SD. Su número de teléfono es el 605-341-2843.

Jane Jayroe, "Miss America 1967", ha tenido una trayectoria destacada como locutora en los mercados de Oklahoma City, Dallas y Fort Worth. En la actualidad, escribe y dirige anuncios relativos a la salud y la superación personal para la televisión y la prensa. *McCall's, Out of the Blue Delight Comes into Your Life* y el *Daily Oklahoman* han publicado sus trabajos. En este momento Jane está preparando la publicación de su primer libro. Si desea obtener información acerca de la edición en casetes de su libro *Daily Devotionals (Oraciones diarias)*, escriba al P.O. Box 21537, Oklahoma City, OK 73156.

Sandy Jones solía escribir para el *Mason Journal*, un periódico del estado de Iowa, antes de irse a vivir a la localidad de Santa Ana, California. Ella ha escrito programas para la iglesia y el teatro infantil, además de artículos sobre el enriquecimiento de la vida matrimonial, la preparación de una boda y la familia. Sandy y su esposo, Steve, acaban de terminar su primer libro, en el que relatan en forma amena su experiencia de haberse convertido en abuelos.

Anne Jordan, enfermera diplomada, es madre de tres niños, quien junto a su esposo, Tim Jordan—doctor en medicina—preside el Children & Families Inc., un instituto que ofrece cursos de orientación familiar, clases para padres y parejas, además de organizar campamentos de verano para niños y adolescentes que necesiten desarrollar su estima personal. Si desea obtener información acerca de sus actividades, llame al 314-530-1883 o si prefiere, escriba al 444 Chesterfield Center, Suite 205, Chesterfield, MO 63017.

Sherwin Kaufman es nieto del distinguido humorista Sholom Aleichem. Es un médico jubilado que ha cultivado una nueva carrera como compositor, lírico y poeta. *Child's Vision (Visión de niño)* pertenece a la colección de poemas y canciones acerca de la infancia. El número de teléfono de Sherwin es el 212-744-5788.

Christina Keenan aparte de ser una escritora y poeta independiente, es enfermera diplomada. Ha ganado premios de literatura y publicado varios de sus poemas. En sus obras, Christina explora los temas que afectan a la mujer y la maternidad, y se especializa en crear poemas originales para ocasiones que tienen un significado especial para ella. Vive en Frankfort, Illinois y su número de teléfono es el 815-464-6843.

Mary Keynon es madre de seis niños que han sido educados en casa y autora del libro *Homeschooling from Scratch (Los principios de la instrucción en el hogar)*. Ayuda a su marido, David, con las órdenes de compra de la librería que ambos poseen, Once Upon a Time Family Books, en la ciudad de Manchester, Iowa. Su número de teléfono es el 319-927-6616.

Evelyn S. Kraut jubiló como profesora de matemáticas y posee un doctorado en Teoría Educacional. Trabaja como voluntaria para la Federación Hebrea del Condado Broward, en la Florida. Sus artículos, historias y cartas se publican en la prensa de la localidad. Evelyn también reúne fondos para financiar becas en el Hunter College, situado en la ciudad de Nueva York.

Antoinette Kuritz es madre y profesional quien ha enseñado tanto en la escuela secundaria como en la primaria. En la actualidad, se desempeña como coordinadora de actividades comunitarias para Barnes & Noble. Antoinette también escribe una columna orientada a la familia en un periódico local. Su dirección es P.O. Box 67, Del Mar, CA 92014.

Cindy Ladage es esposa de un agricultor con quien tiene tres hijos. Ayuda a su marido en la finca y trabaja media jornada en el Departamento de Seguridad Nuclear de Illinois. Es también una escritora independiente, quien ha cultivado la narrativa novelesca al igual que la histórica. Si quiere contactarse con Cindy, escriba a 35216 E. 5th Rd., Virden,

IL 62690.

Rosemary Laurey es escritora y maestra de niños especiales, quien considera haber criado y educado a tres muchachos maravillosos ha sido la obra más importante de su vida. Oriunda de Inglaterra, Rosemary vive en Columbus, Ohio, junto a su esposo, George.

Kathryn Lay es una escritora y autora independiente que vive en Bedford, Texas, junto a su esposo Richard, y su hija. Sus escritos incluyen vivencias y temas relativos a la motivación, como también novelas para niños. Los interesados pueden llamar a Kathryn al 817-285-0166.

Jacklyn Lee Lindstrom jubiló recientemente y puede ahora dedicarse de lleno a sus dos grandes pasiones: la literatura y la pintura. Su lema: "una sonrisa levanta el espíritu y borra las arrugas" aparece reflejado en sus escritos, los cuales tienden a destacar el lado positivo de la vida. A Jacklyn le puede escribir al 13533 Lynn Ave. S., Savage, MN 55378 o si prefiere, puede llamarla al 612-890-9333.

Michael Lindvall, aparte de ser escritor y ministro, es el pastor encargado de la Primera Iglesia Presbiteriana de Ann Arbor en Michigan. Creció en Minnesota y en la Península Superior de Michigan y está casado con Terri, una artista, con quien tiene tres hijos: Madeleine, Benjamin y Grace. La historia incluida en la presente edición corresponde al libro *The Goods News from North Haven (Las buenas nuevas desde North Haven)*, el cual está siendo distribuido por Pocket Books. En la actualidad, el señor Lindwall se encuentra trabajando en un segundo libro, que al igual que el primero, contiene una colección de historias acerca de la vida dentro de la comunidad.

Sharon Linnéa se ha desempeñado como jefa de redacción y escritora oficial de cuatro revistas que se distribuyen en todo el país. Ella y su esposo tienen un hijo, Jonathan, y una hija, Linnéa. A menudo se presenta en conferencias para escritores, al igual que en colegios para hablar acerca de la necesidad de los niños de tener héroes a quien imitar. Si desea adquirir copias autografiadas de cualquiera de sus dos libros más recientes, las biografías para el adulto joven *Raoul Wallenberg: The Man Who Stopped Death (Raoul Wallenberg: el hombre que paralizó la muerte)* (JPS) y *Princess Ka'iulani, Hope of a Nation, Heart of a People (La princesa Ka'iulani: esperanza de una nación, corazón de un pueblo)* (Eerdmans), envíe $15 dólares pagaderos a Sharon Linnéa, c/o Shimersbrook, 290 River Road, Montague, NJ 07827.

Mike Lipstock es un oculista de 73 años de edad, quien comenzó a escribir tras haber abandonado su práctica para jubilar. Sus escritos han aparecido en casi cien revistas y en cuatro antologías. Mike es miembro del *Directorio de Poetas y Escritores de Novelas de los Estados Unidos.*

Jeanette Lisefski está orgullosa de tener tres hijos magníficos y es la fundadora del At-Home Mother's Resource Center y el National Association of At-Home Mothers. Ambas organizaciones ofrecen a las madres que se quedan en casa y a quienes pretenden hacerlo una gran variedad de información, servicios, asistencia y estímulo, a fin de que la crianza de sus hijos sin abandonar el hogar sea una experiencia fructífera para ellas. Las personas interesadas pueden comunicarse con Jeanette al At-Home Mother's Resource Center, 406 E. Buchanan, Fairfield, IA 52556; su número de telefax es el 515-469-3068 y su casilla electrónica es *ahmrc@lisco.com.*

Mary Marcdante, aparte de ser una oradora experimentada de visión realista, humana y profunda, es también educadora y escritora cuyos programas sobre el cambio personal, el dominio de la tensión nerviosa y la aptitud para relacionarse con los demás han aportado soluciones y positivismo a empresas, comunidades, convenciones y conferencias sobre la salud en todo el mundo. Mary ayuda a la gente a tomar decisiones más sanas, a expandir sus fronteras y a llevar una vida más creativa, inspiradora y llena de satisfacciones. Ella es autora de *Inspiring Words for Inspiring People (Palabras inspiradoras para gente inspiradora)* y de *Questions for My Mother (Preguntas para mi madre)*, cuya edición está próxima a salir. Los interesados pueden comunicarse con Mary al teléfono 619-792-6786 o escribirle al P.O. Box 2417, Del Mar, CA 92014. Su casilla electrónica: *mmarcdante@aol.com*.

Terry Marotta es una columnista sindicada y autora del libro *I Thought He Was a Speed Bump, and Other Excuses from Life in the Fast Line (Pensé que él era un bache en el camino y otras excusas por llevar una vida acelerada)*, el cual es una recopilación de sus relatos más interesantes. Terry vive con su esposo, David, acompañada de otras seis o siete formas de vida diferentes en la ciudad de Winchester, Massachusetts.

Dennis McCormick está cursando su tercer año de especialización en psicología en West Chester University, en el estado de Pennsylvania. Le dedicó esta historia a su mamá con motivo del Día de la Madre en 1996, durante el último año de secundaria, pero Dennis tenía alrededor de trece años cuando el referido juego tuvo lugar. A pesar de ser ésta es la primera obra que ha publicado, Dennis comenzó a escribir composiciones a muy temprana edad. Su dirección postal es P.O. Box 931, Millsboro, DE 19966 y su casilla electrónica es *dm275023@wcupa.edu*.

Janet Meyer es escritora y terapeuta, quien reside en La Crosse, en el estado de Wisconsin, junto con su esposo, Gerry, su hija Melissa y su perro, Kudos. Las pasiones más grandes de Janet son la educación de los hijos, las mascotas y los viajes. La maternidad sigue siendo para ella una experiencia asombrosa y motivadora.

Amsheva Miller vivió un tiempo en la India donde ella y su esposo adoptaron tres niños nativos, después de lo cual regresaron para quedarse definitivamente en los Estados Unidos. Ella es fundadora y maestra del Cellular RepatterningMR, una forma de curación basada en la antigua tradición hindú de sanar mediante el poder de las vibraciones corporales.

Sharon Drew Morgen es autora de *Selling with Integrity (Vender con integridad)* y de *Sales on the Line (La venta infalible)*. Ella enseña los fundamentos de la comunicación consciente a través de las ventas en seminarios en todo el mundo, es una oradora muy reconocida y también consultora en materias de negociación. Sharon fundó The Dystonia Society en Inglaterra. Su hijo George obtuvo una medalla de plata en los juegos parolímpicos. El número de teléfono de Sharon es el 505-776-2509.

John Morris es un orador y escritor interesado en la motivación individual, quien utiliza sus experiencias dentro de la liga mayor de béisbol—incluyendo aquéllas como jugador en la Serie Mundial—como metáforas para ilustrar las técnicas y aptitudes necesarias para alcanzar el éxito tanto en los negocios como en la vida personal. John vive con su esposa, Linda, y sus dos gatos en la ciudad de St. Petersburgh, Florida. Los interesados pueden comunicarse con John al 813-345-2722.

Sue Moustakas, madre de cinco hijos, adaptó su carrera a fin de conciliar la educación de sus niños con el amor por la docencia. Posee y administra SANDBOX Preschools en el sector suroeste de Chicago. Imparte cursos de enseñanza para infantes y cree fehacientemente que cada niño es un genio.

Tom Mulligan es un escritor independiente quien reside en el norte de Michigan. Tom escribe artículos, ensayos y novelas. Los interesados en los trabajos de Tom pueden contactarlo al 847 E. Au Sable Rd., St. Helen, MI 48656.

Sheryl Nicholson es una conferencista reconocida a nivel internacional y madre de cinco niños. Sus temas de interés son el liderazgo, las ventas y la vida equilibrada. Sheryl organiza más de cien seminarios al año para hombres y mujeres, y a menudo se presenta en programas de televisión y de radio. Su número de teléfono es el 800-2453735 y su dirección en el Internet es *sheryl.com*.

Linda O'Camb es enfermera diplomada y feliz madre de cuatro niños: Steve, George, Cheryl y Jennifer. Linda cree que el vínculo entre madre e hijo no admite parangón con nada y disfruta plenamente cada momento que pasa con su joven familia. Linda y su familia residen en Fillmore, Utah.

Rochelle Pennington es una escritora independiente que en este momento está finalizando su primer libro, *A Turning (Una transformación)*. Como madre y esposa preocupada del hogar, Rochelle participa activamente en cursos de educación cristiana y trabaja como voluntaria cuidando a los enfermos terminales a través del Hospice Hope. Los interesados pueden contactarse con Rochelle al N1911 Double D Road, Campbellsport, WI 53010 o llamarla al 414-533-5880.

Christine Beyer Perez es oriunda de Michigan pero ahora reside en Kansas con su esposo, Rudy, y sus hijos, Valentina, Francesca y Jordan. Ha escrito artículos para *Cosmopolitan* y otras revistas que se publican a nivel nacional y en la actualidad es jefa de redacción del *Kansas City Persona*. Dirija su correspondencia a 14944 Glenwood, Overland Park, KS 66223.

Sarah A. Rivers se graduó de Salem College y es miembro no residente del Junior League of Charlotte, en Carolina del Norte. Se interesa fundamentalmente en escribir poemas que sirvan de inspiración a la gente y artículos sobre temas basados en la vida real. Sarah y su marido, Ralph, viven en Dallas, Texas y su número de teléfono es el 214-503-0195.

Dan Rosandich dibuja para publicaciones existentes en todo el país, incluyendo revistas, casas editoriales y boletines, y está preparado para abordar cualquier proyecto que se le pida. Sus ilustraciones han aparecido en el *Saturday Evening Post* y el *National Review*. A Dan se le puede contactar a cualquier hora del día, vía telefónica o fax, al 906-6234.

Joseph C. Rosenbaum es un contador retirado que vive en Pembroke Pines, Florida, con su encantadora esposa, Christine. Su hijo Philip, es productor de noticias económicas para CNN en Nueva York. Joseph sobrevivió el holocausto en Polonia. Una vez finalizada la guerra, se vino a vivir a los Estados Unidos. Sus hobbies son escribir, leer, caminar, hacer ejercicio y viajar.

Kathy Ryan es viuda y madre de cuatro niños. Es directora del consejo social y familiar en una parroquia de Long Island y su labor consiste en apoyar a través de su ministerio a las madres, a las personas afligidas y a quienes se han divorciado o separado. Kathy generalmente utiliza la narración como vehículo para educar y consolar a los que participan en los Programas de Apoyo a la Familia que ella organiza.

Harley Schwadron es un caricaturista autodidacta quien actualmente reside en Ann Arbor, Michigan. Trabajó como periodista y escritor de relaciones públicas antes de dedicarse por entero en 1984 a dibujar caricaturas. Sus viñetas han aparecido en *Barron's*, *Harvard Business Review*, *Wall Street Journal*, *National Law Journal* y en muchas otras publicaciones más. A Harley le puede escribir al P.O. Box 1347, Ann Arbor, MI 48106 o llamarlo al teléfono 313-426-8433.

Niki Sepsas es escritor independiente y guía de turismo, y reside en la ciudad de Birmigham, Alabama. Aparte de preparar artículos para revistas de turismo y de aventuras, también escribe sinopsis acerca de empresas y personajes importantes, material publicitario, boletines corporativos, al igual que catálogos de promoción. Los interesados se pueden comunicar con Niki al teléfono 205-942-5335.

Jeannie Ecke Sowell ha estado casada treinta y dos años, es madre de dos hijos, abuela de cuatro nietos y bisabuela de un bisnieto. Ella y su esposo, Pickalleo, viven en Camp Wood, Texas, y trabajan codo a codo en un estudio de disecación de animales que ambos poseen en ese lugar. El número de teléfono de Jeannie es 210-597-3264.

Michael L. Staver, aparte de ser orador y consultor en materias de motivación, también ofrece instrucción particular. Está decidido a hacer todo lo posible para motivar a las personas a realizar sus sueños. Cuando no está de viaje, se queda en California. Su número de teléfono es el 714-741-3012.

Gerald E. Thurston Jr. es el coordinador para la prevención del consumo de estupefacientes en uno de los distritos escolares de Visalia, California y actualmente está estudiando una licenciatura en comunicaciones y relaciones humanas. Su afición es componer textos creativos y está preparado para presentar seminarios acerca de las comunicaciones entre personas y organizaciones. Su número de teléfono es el 209-625-8805.

Judith Towse-Roberts dirige el departamento de composición creativa en el Paseo Academy Arts High School situado en Kansas City, Missouri. Obtuvo dos licenciaturas, una en orientación profesional y otra, en inglés secundario. Judith también se desempeña como profesora adjunta en Avila College. Es madre de Tommy, Lisa y Jenni, los tesoros más preciados de su vida.

Daryl Ott Underhill es presidenta de In Any Event, Inc., una compañía especializada en programas de comercialización y motivación, además de publicaciones de interés particular. Su último libro se titula *Writes of Passage . . . Every Woman Has a Story (Narraciones de un pasaje . . . cada mujer tiene su propia historia)*. La dirección de Daryl es 4236 Rancho Dr., Phoenix, AZ 85018 y su número de teléfono es 602-952-9472.

Glenn Van Ekeren es un educador y un orador muy dinámico, quien se dedica a enseñar a personas e instituciones las técnicas para maximizar su potencial. Glenn es el autor de *The Speaker Sourcebook (El libro de consulta para el orador), The Speaker Sourcebook II (El segundo libro de consulta para el orador)* y del famoso boletín, el *Potential*. Glenn ha producido una amplia variedad de publicaciones, así como de presentaciones en vídeos y casetes. Los interesados pueden contactarse con él al People Building Institute, localizado en 330 Village Circle, Sheldon, IA 51201 o si prefieren, llamarlo al 800-899-4878.

Phyllis Volkens, oriunda de Iowa, poseía un talento extraordinario para trasladar al papel las experiencias que atesoraba en su corazón. Cuando alguien le preguntaba acerca del tema de alguna composición, ella siempre respondía: "Escribo sobre los seres humanos, sobre las cosas que los hacen reír y llorar." Sus obras han sido publicadas en diversos periódicos y revistas, entre los que se incluyen el *Denver Post, Reader's Digest* y *Chicken Soup for the Woman's Soul*. Phyllis falleció el 3 de mayo de 1996, pero su recuerdo permanecerá en nuestro corazón.

Barbara L. Warner reside con su esposo, Brian, y sus dos hijos, en las afueras de Dallas, Texas. Es escritora independiente y profesora de inglés en una escuela secundaria, y está luchando por incentivar la adopción de miles de niños que se quedan sin hogar en los Estados Unidos.

David Weatherford, Doctor en Filosofía, es un psicólogo infantil quien ha publicado numerosos textos académicos, además de poemas que se caracterizan por ser inspiradores, románticos e ingeniosos. El publicó un libro de aforismos por cuenta propia titulado *Love Is (El amor es)*. La obra de David refleja la constante lucha de los pacientes para poder soportar prolongados tratamientos de diálisis renales y vencer el cáncer. "Tribute to Mothers" ("Tributo a las madres") está basado en un poema que le escribió a la suya justamente para el Día de la Madre. La dirección de David es 1658 Doubletree Lane, Nashville, TN 37217.

Beatrice Weeks es esposa, madre, y enfermera diplomada. Regresó a Michigan University a los cincuenta años, y después de recibir el título de bachiller, escribió *The Secret of the Tenth Planet (El secreto del décimo planeta)*. En al actualidad, pasa la temporada de invierno en New Port Richey, en el estado de la Florida, y el verano, en una localidad cerca de Manistee, en Michigan.

Sue West es editora, pedagoga, escritora e instructora de meditación. Ha vivido en cuatro continentes y se siente a gusto donde quiera que va. Sue vive en el 5540 Fremont St., Oakland, CA 94608.

Jeanne White es fundadora y presidenta de la *Fundación Ryan White*, una organización educacional con oficinas en todo el país que se dedica a prevenir la propagación del virus de inmunodeficiencia adquirida entre los jóvenes. Ella se presenta en conferencias a lo largo y ancho de los Estados Unidos para hablar de su hijo, Ryan, y de la labor que desempeña para erradicar esta enfermedad. Jeanne escribió, con la colaboración de Susan Dworkin, *Weeding Out the Tears: A Mother's Story of Love, Loss and Renewal (Extinguiendo las lágrimas: una historia sobre el amor, aflicción y resurgimiento de una madre)*. Esta obra fue publicada en abril de 1997 por Avon Books. Con Jeanne es posible comunicarse a través de la fundación, localizada en 1717 W. 86th Street, Suite 220, Indianapolis, IN 46260 o si no, vía telefónica al 800-444-7926.

Robert F. Whittle Jr. es oficial, ingeniero y agricultor proveniente de Mystic, una ciudad de Connecticut. Después de graduarse de West Point en 1990, el Capitán Whittle sirvió como militar en Alemania y Corea, y posteriormente obtuvo una Licenciatura en Ciencias con mención en Ingeniería Sanitaria en la Universidad de Texas. Sus pasiones son el esquí, los viajes y la literatura.

Jean Harless Woodward es abogada y profesora universitaria, quien actualmente reside con su marido, Larry, en Virginia Beach, en el estado de Virginia.

Peggy Andy Wyatt ha aparecido en publicaciones tanto a nivel nacional como internacional. En la actualidad, Peggy es la caricaturista del cuerpo de redacción de un periódico de Destin, en la Florida, y ha recibido varios Premios de la Asociación de Prensa de dicho estado. Estudió en Boston University y en el Art Students League en Nueva York, completando posteriormente su bachillerato en Miami, en el estado de la Florida. La dirección de Peggy es P.O. Box 427, Destin, FL 32540.

A la Capitana Candy y a las mujeres que remonteron el vuelo. Reproducido con autorización de Diana L. Chapman. ©1997 Diana L. Chapman.

Nací para este trabajo. Reproducido con autorización de Billie B. Chesney. ©1997 Billie B. Chesney.

El jardín de la abuela. Reproducido con autorización de Lynnette Curtis. ©1997 Lynnette Curtis.

Cenar fuera. Reproducido con autorización de Maryann Lee Jacobs. ©1997 Maryann Lee Jacobs.

Necesitamos una roca. Reproducido con autorización de Kathy Ryan. ©1997 Kathy Ryan.

Cuando una madre sopla 75 velas. Reproducido con autorización de Alice Collins. ©1997 Alice Collins.

Seis de las siete maravillas de mi mundo. Reproducido con autorización de Jane Harless Woodward. © 1997 Jane Harless Woodward.

Las riquezas de mi madre. Reproducido con autorización de Mary Kenyon. ©1997 Mary Kenyon.

Completamente equivocado. Reproducido con autorización de Gerald E. Thurston Jr. ©1997 Gerald E. Thurston Jr.

Oración a mi madre. Reproducido con autorización de Ann Landers y Creators Syndicate.